MAHOROBA

Nara Women's University
Faculty of Letters

知的障害をもつ子どもの発達的理解と支援

狗巻修司　小槻智彩

Shuji Inumaki　Chisa Ozuku

かもがわ出版

はじめに

21世紀に入って20年以上が経過し、日本の障害児への保育と教育、福祉は大きな転換と変革の時期を迎えています。特殊教育は特別支援教育へと制度転換し、「障害者の権利に関する条約」（障害者権利条約）を批准するために関連法が改正されました。本書はこのような状況のなかで、「知的障害をもつ子ども」と「発達」を基本的なコンセプトとして、その支援のあり方、支援を行ううえで必要となる視点を中心に取り上げています。

「知的障害をもつ子ども」に着目したのは、いわゆる知的障害を伴わない発達障害に対する世間の注目度が増加することによって、「知的障害をもつ子ども」への注目度が相対的に減少しているように感じるためです。特別支援教育への制度転換により、それまでの特殊教育で対象とされた障害種別を拡大し、学習障害（ＬＤ）、注意欠如多動性障害（ＡＤＨＤ）、高機能自閉症などもその対象となりました。特別支援教育の構想が２０００年代前半に明らかにされていくなかで、１９９０年代に「ちょっと気になる子」として表現され注目されつつあった子どもたちが、「発達障害児」という表現に置き換わって大きく注目されるようになりました。特殊教育の対象となる子どもが先進諸国と比べて極端に少なかったことを踏まえると、特別支援教育においてその対象が拡大することは決して悪いことではありません。対象となる子どもの劇的な増加に伴い、発達障害児を対象としたさまざまな実践報告や基礎的研究が増えることはニーズに応えるという意味からも重要です。一方で、今日では障害の重度・重複化も進行しており、改めて「知的障害をもつ子ども」の支援のあり方を取り上げる必要があると思い、本書の基本コンセプトの一つとしました。

もう一つの基本コンセプトである「発達」に着目したのは、「障害特性に応じた指導・対応」、および、本書でも度々言及している「行動変容を求める指導」が過度に重視されている、と感じるからです。自閉症スペクトラム障害児者を例にとれば、他の障害には見られない障害固有の特性があるのも事実ですが、一方でこれらの特性は、発達プロセスや発達段階と関連しながら濃淡伴いつつ変容していくこともこれまでの研究で明らかにされています。また、行動変容を求める指導は、「個別の指導計画」の作成が求められるようになって一層強まっているように感じます。学期ごとに指導の効果などをエビデンスとして示す際、どうしても変化・変容の記述が求められるため、記述が容易な行動上の変容を指導の目標としてしまう傾向があり、それが強まれば強まるほど、「発達」を踏まえて子どもの姿を捉える視点はもちにくくなるように思われます。また、若手の保育者や教員からすると、入職した時点からあった「個別の指導計画」をまるで空気のようなものとして捉え、作成しているのかもしれません。同時に、保育者や教員の養成課程においてもスキル偏重となっている現状があり、養成課程のなかで「発達」を学ぶ機会が少なくなっていることも現状に拍車をかけているのかもしれません。このような障害特性に応じた指導、あるいは、行動変容を求める指導の過度な重視に対するアンチテーゼとなりうるのが「発達」による子ども理解という視点ではないか。そう思い、基本コンセプトの一つとしました。

本書では、こうした問題意識のもと、知的障害をもつ子どもの発達的視点からの理解や、発達を支援するうえで必要な点についての理論的解説とともに、筆者らが奈良女子大学大学院附属心理教育相談室で実践する発達的支援の具体例を示し、分析をまとめることにより、支援内容をより豊かなものにすることを目標としています。

ここで、各章の内容を簡単に紹介します。

第1章では、そもそも「発達」という現象とはどのようなものなのかについて取り上げています。日常のなかでは「発達」と「成長」を区別することなく過ごしているかもしれませんが、これらは明確に異なる現象です。「発達」を学術的に紐解《ひも》くというよりは、子どもを発達的視点から理解する意味について、実際の事例なども紹介しながら、できる限り簡潔に説明しています。

第2章では、「障害」をどのように捉えていくのかについて取り上げています。健常者にとって、障害児者はどこか自分達とは異なる存在と捉えてしまいがちですが、決してそのようなことはありません。また、とくに重度な障害をもつ場合にはできないことが多くなり、「発達」しない存在として捉えてしまいがちですが、決してそのようなことはありません。「障害」と「発達」との関係を、実際の事例なども紹介しながら、できる限り簡潔に説明する内容になっています。

第3章では、自閉症スペクトラム障害について、障害の概念や診断基準、障害に固有に見られる特性を解説するとともに、支援で必要となる視点や、支援を行うなかで実践者に大切にしてほしい視点について、実際の事例を紹介しながら説明しています。

第4章では、知的障害について、障害の概念や診断基準、診断基準に含まれる概念である「知的機能」

と「適応機能」について解説しています。そして、知的障害を伴う疾患の例としてダウン症候群を取り上げ、知的障害を理解するにあたって大切な視点を説明しています。

第5章と第6章では、奈良女子大学大学院附属心理教育相談室での実践を中心に、知的障害を伴う自閉症スペクトラム障害児への支援について、事例を可能な限り詳細に紹介しています。とくに自閉症スペクトラム障害児に見られる障害特性である「共同注意」における障害、「常同行動」や「自傷行動」などの反復的行動への支援、そして、自閉症スペクトラム障害児に見られる「こだわり」を活かす支援のあり方について説明する内容になっています。

第7章では、奈良女子大学大学院附属心理教育相談室において、知的障害を伴うダウン症候群児を対象に行われた支援の事例を紹介しています。とくに知的障害児を対象とした支援に取り入れられることの多い音楽活動に焦点を当てて、音や音楽が人にどのように作用するのか、音楽活動を支援のなかでどのように活かすことができるのかを説明する内容になっています。

七つの章を通じて、知的障害をもつ子どもへの支援に必要な視点とは何かを提示します。本書が示すこれらの視点は、知的障害をもつ子どもへの支援のみならず、障害のない子も含めた全ての子どもの支援に必要な視点だと考えています。現在、知的障害をもつ子どもへの支援を行っている方だけでなく、発達支援に興味をもつ高校生や大学生にもぜひ読んでいただきたい。それが筆者らの切なる願いです。

編著者

知的障害をもつ子どもの発達的理解と支援●目次

装丁　坂田佐武郎
組版　東原賢治

第1章

発達とは何か

■成長・成熟ではなく発達

みなさんは普段の生活のなかで「発達（development）」ということばをどのような時に使用するでしょうか。近年では発達障害などのことばが広く知られるようになり、メディアなどで目にすることも多くなってきたように思います。しかし、改めて「発達」をいつどのように使っているかを意識することは少ないと思います。

では、少し質問を変えます。「成長（growth）」あるいは「成熟（maturation）」と、「発達」とはどのように区別されるのか？と問われたら、どのように答えるでしょうか。発達に比べ、成長ということばの方がなじみがあるという方も多いと思います。普段の生活では、発達と成長、あるいは発達と成熟ということばを厳密に区別しなくても大きな支障はないですし、本来であれば発達と表現しなければならない現象を成長と表現してもコミュニケーションが成立しなくなることはありません。しかし、発達という現象を理解するためには用語の正確な理解が重要となりますので、まずは発達・成長・成熟の三つについて考えていきたいと思います。

発達・成長・成熟のイメージをそれぞれ図示したものが図1です。発達はのちほど説明しますので、まずは成長と成熟について見ていきます。成長は、右肩上がりの一直線で表現される現象を指すことばとして用いられるものです。具体的には、身長や体重のようなものが該当します。身長でいえば、1センチ間隔で表現すると、150センチの次は151センチとなります。151センチの次は152センチ、152センチの次は……と連続した数値で表現されます。150センチから突然152センチにな

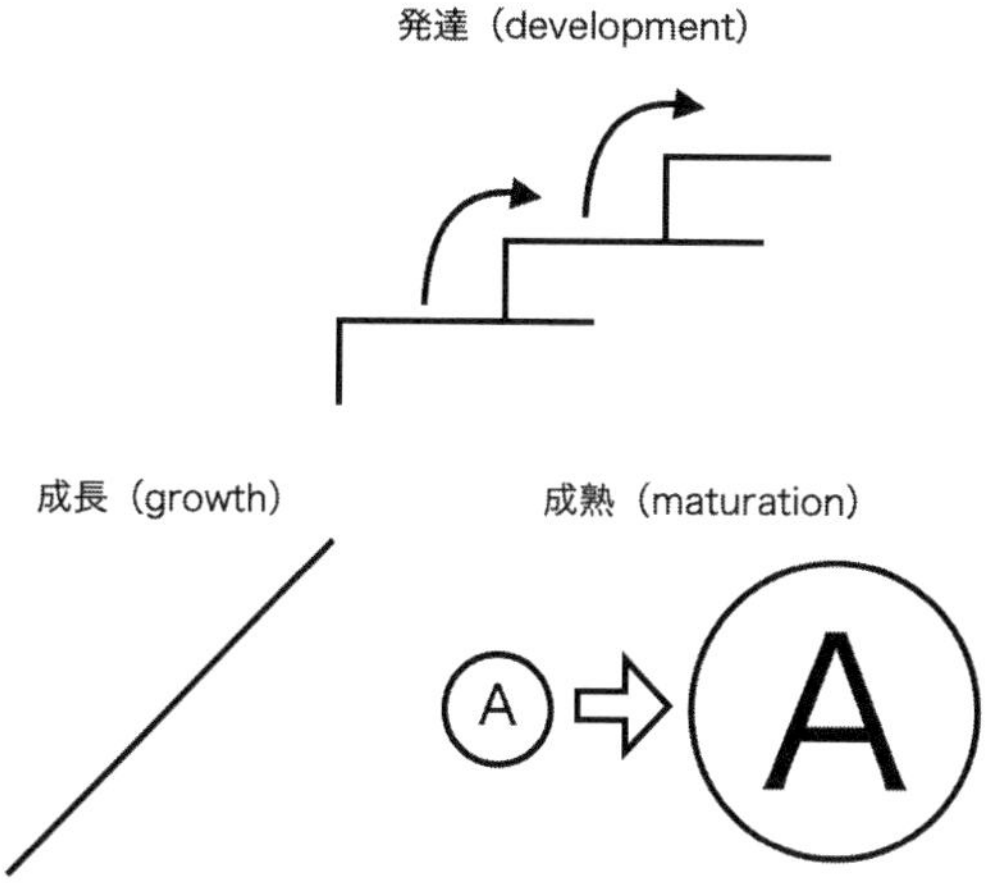

図1　発達・成長・成熟のイメージ

ることはありません。これは体重でも同じです。1キログラム間隔で表現すると、30キログラムの次は必ず31キログラムであり、31キログラムを経ずに30キログラムから32キログラムになることはありません。つまり、成長として表現されるものは、連続した数値で表現し得るものということになります。

次に成熟についてです。成熟は、遺伝などの内的な要因によって決まるものであり、ある機能が多くの人において同じくらいの年齢で発現する現象を指すことばとして用いられるものです。具体的には、生物学的な意味での性的特徴などが該当します。人間の場合、受精時の遺伝子の配列により、生物学的な性別が決定するのですが、出生時の身長や体重に性別による差はありません。また、乳幼児期を通しても、身体発育において顕著な性差はありません。しかし、小学校高学年から中学高校生の時期に、いわゆる成長期を迎えるようになると、性別による差が見られ始めます。このように、遺伝子の配列により受精時に決定している性別による特徴が、生後一定の期間を経なければ発現してこない現象を指すのが成熟ということばとなります。少し難しいなと感じた場合は、植物の果実などをイメージしてみてください。果実として食べることができる箇所は最初から決まっており、当初は果実とは異なるように見えるのですが、時を経てまさに「熟して」我々が食べることができる果実となるのです。

これに対して、発達は図1に示した通り、階段状で示される現象を指します。そして、それぞれの階段に該当するのが、新生児期、乳児期、幼児期、児童期、青年期、成人期といった時期となり、いわゆる「発達段階」ということばで表現されます。そして、それぞれの発達段階にはそれぞれ固有の特徴が見られ、他の時期から区別されます。すなわち、乳児期には乳児期の、幼児期には幼児期の、児童期には児童期の、それぞれの時期に特有のモノの捉え方や価値観、考え方があり、他の発達段階にいる個体からは、その捉え方や価値観、考え方が「よくわからない」状態となります。読者の皆さんも、必ず乳児期や幼児期を経て今の発達段階にいることになりますが、「子どもってなんでこんなことを面白がるのだろう」とか「子どもってよくわからない」と感じられたことはないでしょうか。子育て中の養育者もみんな昔は子どもだったのに、子どもの示す行動の原因がよくわからないから、育児でストレスを感じてしまいます。つまり、発達とは、非連続的な、質的変容を伴う現象であり、次の発達段階に到達すると、それまでの発達段階で自らも示していたはずの特徴がよくわからなくなってしまいます。

■発達における「質的転換」

さらに、図1の発達のイメージで示した矢印についてです。この矢印は発達における「質的転換」を示しています。このことを説明するために、少し遠回りに思われるかもしれませんが、「development」

の原義と対義語から考えていくことにします。

心理学において、発達は「development」の訳語となります。developmentはdevelopの派生語であり、developの対義語がenvelopです。これら二つの単語の原義ですが、「velop」とは「包み」を意味しており、envelopは「包み（velop）を中（en）に入れる」、developは「包み（velop）を出す（de）」となります。envelopの派生語に「envelope：封筒」がある通り、封筒の中に手紙などを「入れる」イメージです。そして、その対義語となりますので、「development」は封筒などの中から手紙などを「出す」イメージ、あるいは、中から「飛び出す」イメージをもってもらえると、質的転換のイメージがつきやすくなります。

発達における「質的転換」とは、発達のある段階から、次の段階へと移行するプロセスを指すことばです。つまり、ある段階から次の段階へ「飛び出す」ことにより、それまでの発達段階とは質的に異なる発達段階へ移行し、それまでにはないモノの捉え方や価値観、考え方を獲得していくプロセスのことを指します。そして、このプロセスを複数回繰り返し、子どもから大人へと質的に変化していくことになります。

さらに、この「質的転換」にはエネルギーが必要となります。そして、そのエネルギーは発達していく子どもが生活のなかで蓄えていくことが必要となります。階段状で形成される発達段階を「質的転換」によってより高い段階へと移行していくプロセスは、移動能力を高めつつある1歳児が懸命に段差を登ろうとする姿と重なるように思います。段差を登るため全身を使い、時には危うく落下しそうになる姿を見ると、安全に配慮しながらも思わずこちらも踏ん張りながら見守っています。試行錯誤のうえ無事に段差を乗り越えたあと、充実感とともに、まるで「今のぼく・わたしを見てた？ すごいでしょ！」と言わんばかりの笑顔に魅了され、こちらも思わず微笑んでしまいます。1歳児は他者に安全確保をしてもらいつつも、自らの力で段差を乗り越えたからこそ、充実感と満足感を他者と共有できるのです。このように、発達段階を移行していく主体は子ども自身であり、他の誰かが発達「させる」ものではありません。子ども自身が発達の「質的転換」を生じさせるためには、日常の生活でエネルギーを蓄えられる経験や、挑戦してみたいと思える活動、そして、それを見守る他者の存在が必要となるといえます。

■発達に必要不可欠な「矛盾」

このように発達にとって必要となる「質的転換」ですが、どのように生まれてくるのでしょうか。白石正久さんの以下の指摘は、発達には矛盾が必要となることを示しています。

> 発達は、子どもの発達への願いからはじまります。この願いを発達要求と言ってもよいでしょう。発達要求は子どもの要求とイコールではありません。発達のらせん階段を一歩一歩登り、自らを高めようとする願いです。発達要求のあるところには表裏の関係をなして、必ず「そうならない自分」があります。この発達要求と現実の自分とのへだたりがたいせつなのです。（中略）子ども自身がそのことを認識しのりこえていこうとする力をもつとき、その矛盾は発達を前に進める力、発達の原動力になるのです。

（白石正久『発達とは矛盾を乗り越えること』全国障害者問題研究会出版部、１９９９年）

大学学部生の頃に障害のある子どもたちと触れ合うボランティアでの経験から、障害児者の発達に興味をもち、指導教員から勧められるままに手にとった図書なのですが、白石正久さんのこの一節を読み、当時は（今もですが）内容をきちんと理解できていないものの、自分自身の考え方を根本から覆されるほど強烈なインパクトを受けた記憶があります。

　これまでの研究活動で出会った子どもたち、とくに発達に遅れや偏りをもつ子どもたちの姿から筆者なりに学んだ発達に必要不可欠となる矛盾としては、①「できる」ようになりたい、②だけど「できない」かもしれない、③それでも、やっぱり「できる」ようになりたいので頑張ってみる――という三つのプロセス（図２）をもつものであり、この三つのプロセスのどこに課題をもつかによって必要となる支援の内容が異なるのではないかということです。

　つまり、①のプロセスに課題をもつのは、そもそも「できる」ようになりたいと思える活動や経験が不足していて、多くの場合は他者の行為や集団活動に注意が向きにくい状態にある子どもたちです。このような子どもには、他者や他児へ注意を向ける機会を意図的に作り出すような支援が必要になるように思います。次に、②のプロセスに課題をもつのは、他者や他児に注意を向けることができ、「できる」ようになりたいと憧れる活動をもちつつも、「できない」

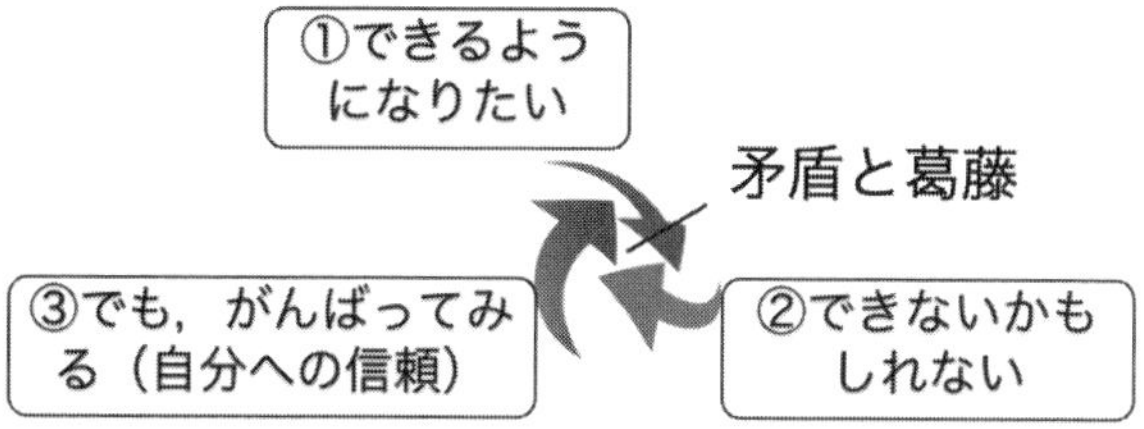

図２　発達に必要不可欠となる矛盾の生成プロセス

自分を強く感じすぎてしまう子どもたちです。このような子どもたちにとって、その不安や葛藤に寄り添ってくれる他者の存在が、矛盾を乗り越えるうえで必須であり、そのような他者がいることで徐々に不安や葛藤を乗り越えようと思えるようになります。そして、③のプロセスに課題をもつのは、不安や葛藤を乗り越えられる自分をイメージできにくい、自己肯定感や自己効力感が低い子どもたちです。知的に遅れがない、いわゆる高機能と呼ばれる子どもたちが、その発達の偏りにより失敗経験を積み重ねることで、最後に自分を信じきれない結果として現れてくることが多い姿のように感じます。このような子どもたちにとって、「ありのまま」の自分を受け止めてくれる他者の存在や居場所が必要となるように感じています。

■発達とはできることが増えること？

乳幼児に比べると、大人は「できる」ことがたくさんあるのは事実です。そのため、発達とはできることが増えることである、という考え方も間違っているとはいえません。しかし、このような発達の捉え方は狭い捉え方であり、また、このように発達を捉えてしまうことによって、「できることを増やす」支援が発達を支援していることと置き換えられてしまう危険性があります。そのような支援においては、できることこそ意味があり、「いかにできるようにするか」が支援内容や支援者のかかわりで最も重視されるようになってしまうのは自然の流れです。

このような考え方は、木下孝司さんが「障害児の指導を発達論から問い直す――要素主義的行動変容型指導を超えて」（『障害者問題研究』第39巻、２０１１年）のなかで「要素主義的行動変容型指導」と呼ぶ子どもの捉え方と共通しています。「要素主義的行動変容型指導」には、発達的スタンスと目標論（「何のために」その能力を獲得させようと指導するのか）が欠如していると指摘されています。

さきほど、発達の主体は子どもであり、他の誰かが発達「させる」ものではないことを述べました。ここで発達を捉えるうえで重要となる基本的な視点について2点述べたいと思います。

1点目は、「できる」ことだけでなく、「できない」ことも含め、それらを子ども自身がどのように捉えているか、という点です。子どもは発達とともに獲得した力を存分に発揮することで日々の生活が充実します。例えば、頭のなかでのイメージや自分が記憶したことを再現する楽しさを感じることができるようになると、2～3歳児クラスでふり遊びやごっこ遊びが遊びの中心になり、幼稚園や保育所だけでなく、お家でもふり遊びやごっこ遊びに没頭します。また、言語能力の向上や遊びのなかでの複雑なルールを理解することができ始めると、4～5歳児クラスで鬼ごっこやサッカーなどの複数の子どもたちによる協同的な遊びが見られ始めます。このように子どもは発達とともに獲得した力（「できる」こと）を使って生活を豊かに主体的に生きていきます。しかし、すぐに「できる」ようになるものばかりではありません。生活のなかで何度も「できない」ことも経験し、何度も挑戦しては失敗を繰り返し、くじけそうになりながらも「できる」ようになるものもあります。その「できる」ようになったことは、例え周囲の大人から見てその重要性が理解できなかったとしても、子どもにとっては意味があること、すなわち、子どもの主体的な「願い」が含まれたものであるといえます。このように捉えると、「できる」ことだけに着目する狭い捉え方ではなく、「できない」ことも含めて、それらを子ども自身がどのように捉えているのかを理解するという、発達を広く捉えることが子どもの発達を支える側に求められるといえるでしょう。

■「できなくなる」ことも発達のプロセス

2点目は「できなくなる」ことも発達のプロセスである、と捉える視点です。「できる」ことが増えることは、必ずしも「できない」ことが減ることを意味するわけではありません。少し抽象的な表現ですので、具体例を出してみたいと思います。人間の発達において、生後3か月頃から養育者など他者のほほえみに対してほほえみ返したり、しばらくすると、自ら他者にほほえみかけるようになります。これは「社会的ほほえみ」と呼ばれる、他者を意識したほほえみとされています。その後、養育者に対して最もほほえみかけつつも、普段あまり接することがない他者や初めて会う他者にもほほえみかけたり、ほほえみ返したりする時期が続きます。しかし、生後半年をこえてくると、対象を問わずほほえみかけていた姿が減少するようになり、生後8か月頃になると普段から接することがない他者が近づいたり、抱っこしたりしようものなら泣いて嫌がるようになります。いわゆる「人見知り」という現象として知られ、乳児期の発達において重要な指標となる行動です。

白石正久さんの著書（『子どものねがい・子どものなやみ』かもがわ出版、1998年）によると、生後8か月頃には知っているものと知らないものを区別し、知らないものへの不安を強める「二分的世界」という心の状態が生まれ、この「二分的世界」が人との関係にあらわれるのが「人見知り」であること、そして、この不安な揺れ動く心を支えてくれるのが養育者に代表される信頼できる大好きな大人であるため、大好きな大人との分離に対する子どもの不安が強まることを指摘しています。すなわち、「人見知り」が出現する背後には、養育者など身近に接している他者と、そうでない他者を区別することが「できる」ようになることや、見えなくなったモノを探したり、部屋にいない養育者を求めて後追いしたりすることなどが「できる」ようになることで、それまでにはできていた誰に対してもほほえむことができなくなってしまうのです。

このように新たに「できる」ようになることで、それまでできていたことが「できなくなる」ことは、人間が発達するなかで数多く見られます。例えば、3～4歳頃に自分の「できる」ことと「できない」ことを区別して捉えられるようになると、「できない」と感じる活動には参加したがらず、それ以前のようなどんな活動でも積極的に参加できていた姿から参加できなくなる姿へと変化することがあります。また、児童期中頃から自分と他者とを比較したり、自分自身が他者からどのように見られているかをはっきりと認識できたりするようになると、他者に比べ自分ができていない点にとらわれて自己肯定感が低下する（自分自身を肯定することができなくなる）ことや、他者からの評価を気にして他者に同調してしまう（自分自身の意見や考えを表明できなくなる）ことが見られます。

「生涯発達」ということばがある通り、近年では生涯にわたる人間の発達的変化を捉える重要性が指摘されています。乳児期から青年期にかけては「できる」ことが増えていくことが多く、発達を「できる」ことが増えることと捉えることも可能かもしれません。しかし、「老化」として指摘されるように、加齢とともに身体能力が低下し「できなくなる」ことも増加します。このような人間の生涯にわたる変化を捉えるうえでも「できなくなる」ことも発達のプロセスとして捉える視点は重要となります。さらに、障害をもつ子どもへの支援においても、「自我が出てきて、こちらの要求を聞いてくれなくなった」「他児の存在を意識するようになって、集団活動に参加しにくくなった」などの声が支援者からよく聞かれます。ここで重要となるのは、「できること」と「できなくなること」がセットで語られていることです。この際に「できなくなる」ことも発達のプロセスとして捉えることは、「なぜできなくなるのか」という問いを生み、その背景にある発達的変化にせまるきっかけになるという点で重要となります。

■2歳児の「イヤイヤ期」における行動特徴

ここまで発達の概念について説明してきました。しかし、概念だけを理解しても、子どもの行動を発達的に捉えることにはなりません。そこで、ここでは子どもが示す行動を発達的に捉える視点について説明するために、2歳児の行動特徴について具体的なエピソードを示したいと思います。

10年ほど前の親戚のKくん（2歳児）との遊びの場面です。当時筆者は大学院を修了し研究員をしており、今とは比べ物にならないくらい時間に余裕があったことから、近くに住んでいたKくんのお家に定期的に遊びに行かせてもらっていました。初めて会ったのはKくんが1歳半ばの頃で、Kくんも人見知りが強くないタイプだったこともあって、すぐに仲良くしてくれるようになり、Kくんの母親が不在の際には、筆者と筆者の妻、そしてKくんの3人で過ごすことができていました。そんなKくんも2歳を超えて、いわゆる「イヤイヤ期」と呼ばれる時期に入った頃のエピソードです。

その日もKくんの母親が不在であり、筆者と妻とKくんの3人で新聞紙を破る遊びをしていました。Kくんも楽しそうに新聞紙を破り、破った新聞紙を両手に抱え天井に向かって投げたり、寝転ぶ筆者の顔に破った新聞紙をかけて埋めたりするなど、大変楽しんでいた様子です。しばらくして、トンネルの遊具に破いた新聞紙を入れ始め、トンネルがいっぱいになるとKくん自身もトンネルに入り、妻が「お風呂に入ってるみたいね」と声をかけ、お風呂に入っているふり遊びが始まります。しばらくふり遊びが継続し、体をゴシゴシ洗ったり、シャワーのように新聞紙を頭のうえからふりかけたりするなどしながら、たっぷりとふり遊びを楽しんだあとに一つ目のエピソードが生じます。

【エピソード1】

部屋に散らばった新聞紙をトンネルに入れるように妻がKくんに伝えると、Kくんは部屋に落ちている新聞紙を集めてはトンネルに入れることを繰り返す。その途中、筆者の指示を受けた妻がKくんの前でトンネルをひっくり返し新聞紙をばらまくと、それを見たKくんはすぐに大きな声をあげて泣き出し、泣き声をあげながら妻の前で地団駄を踏んだり、両手を上げ下げしたりする。妻が「ごめん、ごめん、もうしないからね」と声をかけてKくんを抱き寄せると、少し落ち着いたKくんが泣きながらも「チッチデタ」と言い始める。驚いた妻が「チッチ出たの?」とおむつを確認し、トイレに連れて行こうとした途端、Kくんは妻の手を振り払い、床に倒れ込むように寝転び再び大声で泣き始める。そのあとに妻がKくんを抱き上げ、背中をさすりながら落ち着かせる。

この一つ目のエピソードのあと、Kくんはトイレに行ったり、ジュースを飲んだりして機嫌も直り、再び新聞紙破りやお風呂遊びを始めます。しばらく遊んだあと、片付けの場面で二つ目のエピソードが生じます。

【エピソード2】

トンネルに入って遊んでいたKくんに対して、妻が「お片付けしよか」と声をかけ、Kくんがもっていた袋に新聞紙を入れると、Kくんは「イヤ〜」と言いながら袋を背中に回してそのまま床に倒れこむ。妻が落ちていた動物のフィギュアを手に持ち、「お片付け、してくれるかな〜、Kくん?」と声をかけると、「イヤ、イヤ」と言いながら仰向けのまま後方に這っていく。すると頭が別の遊具にぶつかってしまったので立ち上がり、その遊具をひっくり返す。それを見た妻が「なんでそんなことするの?」と言いながらKくんに近づく。妻がひっくり返した遊具を元に戻して「じゃ、お片付けしよっか」と声をかけると、Kくんが再び不快な声を出す。「その袋ちょうだい」と声をかけ、袋を受け取った妻がトンネルの新聞紙を袋に入れた途端、Kくんは泣き声をあげながら妻が入れた新聞紙を袋から取り出し、一度トンネルに入れようとする。しかし、トンネルには入れずに手に持っていた新聞紙を妻に手渡す。妻が「ありがとう、ないないするね」と声をかけ再び袋に新聞紙を入れると、大きな泣き声を出し、「イヤ〜」と言いながら妻から袋を奪うように取り返す。「え〜、そんなのしないで」と声をかける妻に視線を向けながら、袋を引きずりながら廊下へ出ていく。

この二つのエピソードは、Kくんの保護者に承諾を得たうえで、「イヤイヤ期」の姿を授業資料として撮影するため、あえてKくんの不快情動を引き出すようなかかわりを妻に依頼して生じた場面です。

二つのエピソードに共通するKくんの姿としては、泣くことや泣き声を出して相手に訴えること、寝そべったりそり返ったりすることで相手に訴えること、そして、そのような行動に出て訴えている内容を言語化できないことをあげることができます。2歳児クラスを担当した経験をもつ先生や、発達的に2歳代の年齢に該当する子どもとかかわる経験をもつ先生、あるいは、子育てを経験した保護者の方は、2歳児（あるいは2歳代の発達年齢の子ども）が示す行動特徴として納得いただけるのではないかと思います。

■Kくんは何を訴えていたか

大学の授業でもこの二つのエピソードをビデオで見せて、受講する学生に「それぞれの場面でKくんは何を訴えているか」を考えてもらい、ディスカッションする時間をとっています。エピソード1でKくんが何を訴えているのか考えてもらうと、多くの学生の意見として「せっかく集めた新聞紙を勝手にひっくり返されて怒っている」「楽しく遊んでいたのに大人がその世界を台無しにしたことを悲しんでいる」などがあがります。神田英雄さん（『伝わる心がめばえるころ――二歳児の世界』かもがわ出版、2004年）によると、2歳児は自分の内面に浮かんだイメージを遊びのなかに表現する「みたて遊び」や「つもり遊び」を楽しめるようになること、さらに、みたてやつもりを他者と共有できるならば、その楽しさがいっそう深まることを指摘しています。このことから、Kくんにとってもお風呂というみたてやつもりの世界を楽しんでいる最中、筆者の指示とはいえ、つもりを共有している他者にその世界を壊されているわけですから、Kくんが訴えていることは多くの学生が指摘する通りと思われます。我ながらKくんには申し訳ないことをしたと反省しています。

一方で、2歳児の発達的特徴を理解すると、違って見えてくるのがエピソード2のKくんの行動です。授業で学生から出てくる多くの意見が、「Kくんはまだ遊んでいたいのではないか」「片付けをしたくないのではないか」といったものです。実際にビデオで撮影していた筆者も「片付けるのがイヤなんだろうな」「これぞ、まさにイヤイヤ期」と思ってKくんの行動を解釈していたように記憶しています。

では、実際のKくんの訴えていることは何だったのか。それを考えるため、エピソード2のあとにKくんがとった行動を以下に示します。

【エピソード3】

袋をもって廊下に出たあとしばらくして、Kくんが自ら部屋に戻ってくる。妻が「あ、えらいな」と声をかけると、すぐにトンネルの新聞紙を袋に入れ始める。妻が「一緒にお片付けしよか？」と声をかけて新聞紙に触れようとすると、「ヤ～」と声を出し不快な情動を示す。「そしたらお片付けお願いします」と声をかけ、Kくんが片付けするのを見守る。トンネルの新聞紙を袋に入れ終わると、続けて床に落ちている新聞紙を残らず袋に入れきり、最後は笑顔を浮かべて活動を終えることができた。

写真１　お片付け直後のＫくんの様子

改めて、エピソード2でKくんが訴えようとしていたことを考えてみたいと思います。エピソード2では、大人から片付けを促され、拒否しながら床に寝そべっています。また、大人がトンネルから新聞紙を入れた直後、泣き声を出して袋から新聞紙を取り出し、一度トンネルに戻そうとしながらも、再び大人にその新聞紙を手渡しています。そして、再び大人が新聞紙を袋に入れたので、袋を奪うように取り廊下に出ていきます。これら一連の行動を見ると、片付け自体を嫌がっているように見えるのですが、エピソード3での行動からすると、Kくんは片付け自体を嫌がっていなかったのかもしれません。つまり、エピソード2では、Kくん自身ではなく、大人が片付けを促したり、実際に片付けを始めたりすると、Kくんが泣いて嫌がっていたのです。一方で、エピソード3では、大人が片付けに手を出そうとすると不快情動を表出しますが、大人が見守っている状況では不快情動の表出は見られず、手を抜くことなく部屋に落ちている新聞紙を全て袋に入れています。そして全ての新聞紙を入れ終わったあとは素敵な笑顔で活動を終えることができました。Ｋくんの素敵なドヤ顔がいつまでも忘れられません（写真1）。

つまり、Ｋくんは片付けが嫌なのではなく、大人が手を出すことや、大人が提案する形で活動が展開することに対して、エピソード２での姿を示していたのです。田中昌人さんと田中杉恵さんは、２歳後半の子どもの大人への「反抗」と見られる現象を「第１反抗期」と名づけ、以下のように指摘しています。

自分との関連でまだ不確定で、かつ要求との関係で微妙にゆれ動く２次元を持ち始めている時に、一方の世界を無造作にとりあげて押しつけたり、ゆれ動いている２次元を一方的に切ったりすると、もう一方にしがみつき、その世界だけを前面に出してきます。これが「第１反抗期」の特徴なのです。

（『子どもの発達と診断３幼児期Ｉ』大月書店、１９８４年）

ここで指摘されている通り、まさにＫくんも「自分—他者」という２次元をもち始め、「ジブンデ」片付けを始めたい、「ジブンデ」やりたいという要求をもつなか、大人が一方的に片付けを始めようとしたことへの訴えとして表出した行動であるとの解釈も可能なのではないでしょうか。さらに、大人が袋に入れた新聞紙を取り出し、自らトンネルに戻そうとしつつも大人に手渡す姿は、大人が勝手に袋に入れたのだから、大人が「ジブンデ」トンネルに戻すことを要求しているように思えるのです。

■大人は子どもの行動に引っ張られる

Kくんの事例から示されるように、大人は子どもが示す行動に引っ張られ、目に見える行動から子どもの行動の意図や目的を解釈してしまう傾向があることがわかります。

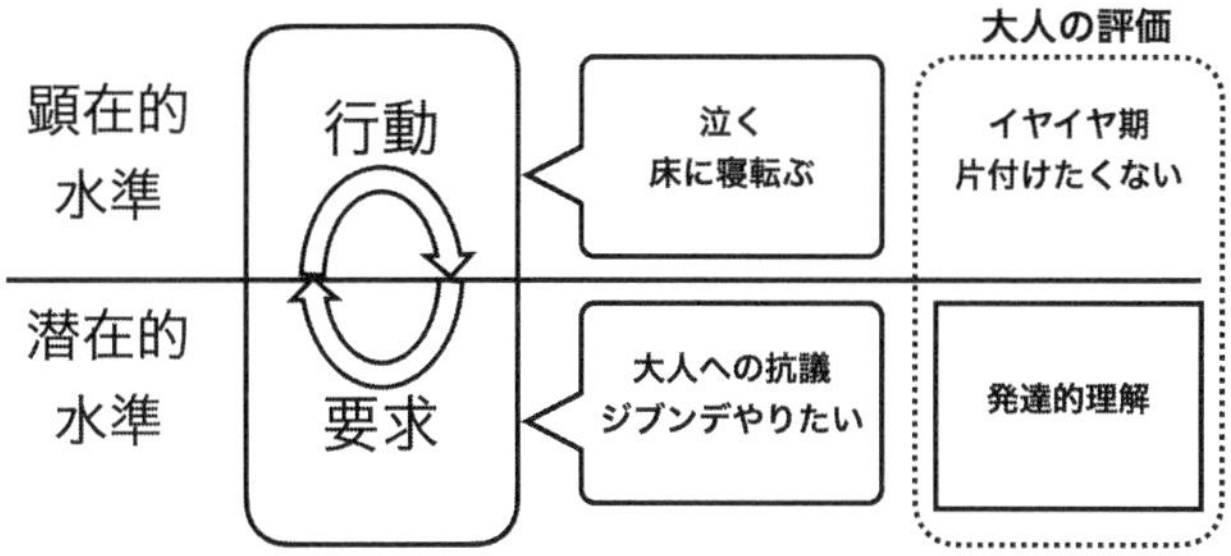

図３　子どもの要求と行動、そして大人の解釈の関係

図３に子どもの要求と行動、そして大人の解釈の関係について示しています。子どもが示す行動は目に見える水準（顕在的水準）であるのに対して、子どもの要求は目に見えない水準（潜在的水準）となります。そして、子どもの要求と行動は相互に関連し循環するものであり、因果の関係が固定されているわけではありません。つまり、要求が生まれた結果、行動として示される場合もあれば、行動を産出した結果、新たな要求が生まれる場合もあると考えられます。

Kくんのエピソードを、図３に当てはめながら、もう少し詳細を見ていきたいと思います。エピソード1と2で示した通り、顕在的水準であるKくんの行動、つまり訴えるための手段は、「イヤ」と否定的な発話を産出する、あるいは、床に寝転んで大声で泣くといった限られたものでした。いわゆる「イヤイヤ期」や「第1反抗期」で見られる典型例ともいえる行動です。それに対して、潜在的水準である要求に視点を当ててみると、二つのエピソードでの要求は質が全く異なることがわかります。具体的には、エピソード1では、みたてやつもりの世界を壊した大人への抗議であると考えられる一方で、エピソード2は、2歳児の発達的特徴である「自我の拡大」と関連した要求（「ジブンデ」やりたい）であると考えられます。このように顕在的水準では類似して見える行動でも、潜在的な要求という点では全く異なることがわかります。

それでは大人の解釈はどうでしょうか。エピソード1の場面は、文脈からKくんの行動の目的や意図を解釈することは容易であると思われます。しかし、エピソード2の場面で、Kくんが「片付けたくない」と訴えていると回答する大学生は、まさに顕在的水準である行動に引っ張られ、自我の拡大という発達的特徴と関連した要求を解釈できていないということになります。

このことは単に要求が見えにくいということを意味しているだけではありません。大人の解釈は、その次の子どもへのかかわりや対応に大きな影響を与えるという点で重要であるといえます。すなわち、大人が片付けを促した場面で、「片付けたくない」という要求をもって否定的な発話を産出したと解釈したり、床に寝転んだりしていると解釈した大人は、「どうしたら片付けさせることができるのか」と試行錯誤し、余計に2歳児からイヤイヤ期の典型的行動を引き出すことになるかもしれません。あるいは、子どもを「聞き分けがよくない子」や「我がつよい子」、「困った子」として評価してしまうかもしれません。そして、そのような解釈の結果、なぜ自分の子育てや保育がうまくいかないのだろうか、という養育者や保育者の悩みにつながる恐れもあります。

■子どもの要求を発達的に理解する意味

そこで大事になるのが、目に見えない子どもの要求を発達的に理解する視点です。Ｋくんの事例で示した通り、子どもの要求は発達的特徴と強く結びついたものです。行動とは異なり、要求は直接見ることができないものであるからこそ、その要求内容を発達的に理解して、推測していくことが重要となります。

子どもの要求を発達的に理解する意味としては、以下の二つをあげることができます。

一つ目が、子どもの要求を解釈しようとすることで、行動に過度に着目することを防ぐことができる点です。子どもの要求に目を向けることなく行動にのみ着目することは、子どもの示す行動を「変容させる」ことや、行動自体を「無くす」ことを目的とした大人のかかわりにつながるリスクをはらんでいます。つまり、先に述べた木下孝司さんが指摘する「要素主義的行動変容型指導」につながりやすいということです。

さらに、行動への過度の着目は、目立つ行動に目がいきやすく、普通にできていることを過小評価してしまうことにつながる恐れもあります。幼稚園や保育所などでの巡回相談で、行動の激しい、いわゆる注意欠如多動性障害（ＡＤＨＤ）傾向を示す子どもについて、相談を受けることがあります。担任の先生とお話しさせてもらうと、多動性や衝動性に関する行動特徴は具体的なエピソードでたくさん語られるのに、「逆に落ち着いている場面はどんな場面でしょうか」と尋ねると、語られるエピソードは具体性が乏しいことがよくあります。つまり、多動性・衝動性が高い行動は「目立つ」のでとても印象に残るようなのですが、落ち着いて待っていられる場面や、衝動的にならずに遊べている場面での行動は、ある意味普通すぎて印象に残らず過小評価されてしまっています。まさに、行動が激しいのでADHDっぽく見えてしまい、ADHDっぽく見えてしまうからこそ余計に激しい行動が印象に残っているようなのです。

そして、子どもの要求を発達的に理解する意味の二つ目は、イヤイヤ期に見られる典型的な行動をしている子どもは「困った子」ではなく、発達的特徴に基づいた要求をうまく表現できず、その子ども自身が「困っている」状態なのだという、豊かな子ども理解につながる点です。このような子ども理解は、行動に過度に着目していては生まれてきにくい捉え方といえるでしょう。

■発達的理解は支援の仮説をたてる道具

一方で、子どもの要求を発達的に理解することは、推測にとどまることも事実です。Kくんがエピソード2の場面で、本当に自分で片付けをしたいという要求をもっていたのかどうかは全く確かめようがありません。何を要求しているのかをその場で聞いて答えられるようならイヤイヤ期の典型的な姿にはなりませんし、言語を巧みに操れるようになる時期には、エピソード2のような場面のことは忘れ去られているでしょう。このように、要求を発達的に理解することは推測でしかないので、それでは全く意味がないという意見も当然あるかと思われます。

しかし、筆者は発達的理解による推測に意味がないとは思いません。むしろ、推測であるからこそ発達的理解が重要な意味をもつものであると考えています。それは、支援における仮説を生成するための有益な道具の一つとなるからです。

子どもが示す行動について、発達的特徴から行動の背後にある潜在的水準である要求を推測することで、「もしかしたらあの行動は○○かもしれない」（例：自我の拡大期である2歳児だからこそ自分でやりたいという要求の表現なのかもしれない）と解釈ができ、「そうであれば××という対応をとろう」（例：Kくんに「お片付けよろしくね」と声をかけよう）と具体的なかかわりへとつながります。このように、要求を発達的視点から理解しようとすることから始まる一連のプロセスから支援の仮説が生まれてくるのです。以前、知り合いの特別支援学校の校長先生が子どもとのかかわりについて「見るべきものはマニュアルではなく、子どもたちだ」とおっしゃっていたのが印象に残っています。発達的理解は具体的な方法論ではないため、定型的な解釈方法やアプローチがあるわけではありません。そのため、要求の理解のあり方も人それぞれとなります。しかし、だからこそ子どもの実態に合わせた幅の広い、豊かな解釈の可能性がひらかれているのです。

さらに、仮説をたてることで、支援のなかでそれを検証することが可能となることも重要な意味をもつといえます。実際の支援のなかで仮説は支持される（その通りである）ことよりも、支持されない（他の原因がある）ことの方が多いでしょう。しかし、仮説が支持されないことは悪いことではなく、可能性の一つが排除されたという結果なのです。そして、その仮説とは異なる、より妥当な別の仮説の生成を導くことにつながっていきます。このような営みが、実践をより豊かにしていくことにつながるのだと思います。

■子どもを多面的に理解する利点

このような点から、子どもの要求を発達的に理解することが重要となるのです。しかし、子どもを発達的に理解することで全ての問題が解決するほど、子どもをめぐる状況は単純ではありません。

私たちは多面的な存在です。このことは、他者との関係性を例にあげれば理解しやすいかもしれません。つまり、私たちは家族に見せる「自分」と、友人に見せる「自分」、あるいは、職場や学級など集団場面で見せる「自分」など、さまざまに使い分けながら生活しています。そのため、ある一つの側面から人間を理解しようとしても、限定的な側面しか見えてこないということになります。そのことを示しているのが、図4になります。

ここでは障害をもつ子どもの事例で考えていきたいと思います。障害をもつ子どもを理解する視点は以下にあげる視点以外にも数多くあるのですが、話を簡潔にするために、ここでは「発達的理解」「障害特性」「家庭環境」の三つとしています。

これら三つは互いに関連はしつつも、それぞれ子どもの異なる側面に焦点を当てているため、同じ子どもを通して異なる姿として見えてくる場合があります（見えてきた子どもの姿をA、B、Cで表現しています）。ここで重要となるのが、見えてきた姿を「or」で理解しない、すなわち、A、B、Cの「どれが一番正しく子どもの姿を捉えることができているのか」という理解をしないことです。そして、子どもを理解するために必要となるのは「and」で理解する視点です。つまり、A、B、Cどれもすべて子どもの姿であると捉え、それらをまとめて子どもの理解を進めていくことが必要となります。

　このように書くと、極めて普通のことを述べていると思われるかもしれません。では、さきほどあげた三つの視点を、それぞれ「保育者・教師」「保護者」「心理判定員」に置き換えてみてください。専門性や子どもとの距離、どのような場面を子どもと共有しているかの違いにより、見ている側面（あるいは、見えてくる側面）が異なる場合があります。筆者自身は大学に所属しており、支援の現場で直接子どもとかかわる立場にないのですが、研究で現場に赴いたときや、現職者への研修を請け負ったとき、あるいは大学附属の相談室で保護者のお話を聞かせてもらうときに、子どもを通して見えてきた姿を「or」で理解している状態、つまり、互いに「相手にわかってもらえない」「相手がわかっていない」といった類の話を聞くことがあります。

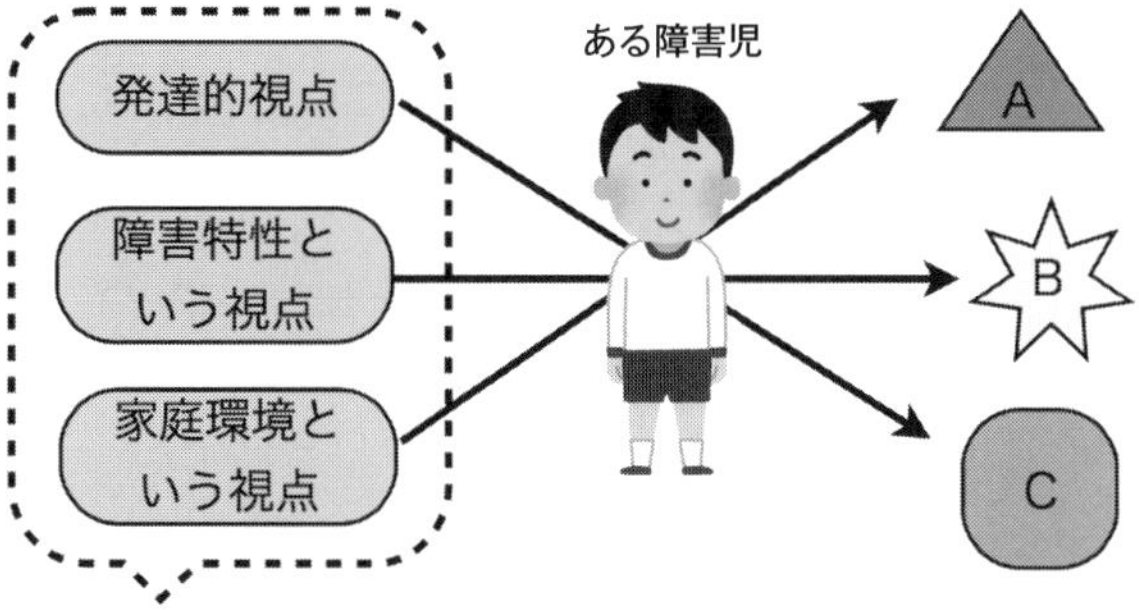

それぞれの項目を「保育者・教師」「保護者」「心理判定員」などと置き換えても同じ

図４　子どもを捉える複数の視点から見えてくる異なる側面

　さらに、同じ専門性をもつもの同士（例えば、教師や保育者）でも、それぞれの価値観や考え方などによって、同じ子どもを通して見えてくる姿が異なることが生じます。とくに、特別支援学校や療育施設などでは、一つのクラスを複数名で担当することになるため、同じ専門性をもっていたとしても、価値観や考え方の違いが子どもへのかかわり方に違いを生じさせ、その結果として子どもの異なる側面が見えてくるということが多いように感じます。そして、「どの先生の見え方（かかわり方）が最も正しいのか」「経験年数が少ない自分が見えている側面と、経験豊富なベテランの先生が見ている側面が異なるということは、自分の見え方が間違っている」といった考えが生じてしまうようです。

このように、子どもは多面的な存在であり、視点の違いにより見え方が異なるということを理解することは、子どもの異なる側面を丸ごと理解するという以外にも利点が2点あります。1点目は、過度な「一貫した支援」の防止につながる点です。近年では障害をもつ子どもの支援において、支援における方法の一貫性や、支援者のかかわり方の一貫性、そして、施設や学校と家庭での対応の一貫性などの重要性が指摘されています。もちろん、支援場面や支援者ごとに、支援方法やかかわり方に全く一貫性がない場合、子どもの混乱は大きくなることも事実です。しかし、過度な「一貫した支援」が息苦しく感じることも、また事実です。自分自身に当てはめてみると、職場の同僚が皆同じように自分にかかわってくる、一貫したほうが安定するということで同じ業務しかない、そして、帰宅しても妻が同僚と同じようなかかわり方をしてくる状況を想像したとき、筆者は2~3日以内に家出すると思います。「一貫した支援」の重要性を認めつつも、支援のなかで何をどこまで一貫させるべきなのか考えないと、本来一貫性は「手段」であるにもかかわらず、一貫させること自体が「目的」となってしまいます。それを防ぐ意味でも、視点により見え方が異なることを理解することが重要となります。

さらに、2点目としては、異なる視点から子どもを理解しようとすることで生まれる他者からの多様なかかわりが、子どもに保障されるという点です。この多様なかかわりが保障されているからこそ、支援のなかで子どもは自分の大好きな先生を自ら選び取ることができるのです。大好きな先生ができること、すなわち、愛着対象が拡大していくことは、障害の有無によらず、子どもの発達にとって重要な意味を持ちます。愛着対象は大人から与えられるものではなく、子ども自身が選び取ることに意味がありますし、子どもと先生の相性の問題もあるでしょう。多様なかかわりは多様な視点が認められて初めて生まれてくるものです。子どもの多様な個性を認めていくのと同様に、支援において支援者の多様性も認められていくことが必要ではないかと思います。

《引用・参考文献》

神田英雄『伝わる心がめばえるころ――二歳児の世界』かもがわ出版、２００４年
木下孝司「障害児の指導を発達論から問い直す――要素主義的行動変容型指導を超えて」『障害者問題研究』第39巻、２０１１年
白石正久『発達とは矛盾を乗り越えること』全障研出版部、１９９９年
白石正久『子どものねがい・子どものなやみ』かもがわ出版、１９９８年
田中昌人・田中杉恵『子どもの発達と診断３幼児期Ⅰ』大月書店、１９８４年

第2章

障害と発達の関係

■障害とは何か

障害は、「①さわり。さまたげ。じゃま。②身体器官に何らかのさわりがあって機能を果たさないこと。③障害競走・障害走の略」（広辞苑第七版）と定義されています。障害ということばは、医療や福祉、教育のなかで用いられる場合と、運動会や陸上競技、競馬などで用いられる場合に大別されるものですが、本書では前者で用いられることばとしての障害について見ていきたいと思います。

２００６年に国連総会で採択され、２００８年に発効された「障害者の権利に関する条約（障害者権利条約）」（我が国は２００７年署名、２０１４年批准）の前文には、「（ｅ）障害が発展する概念であることを認め、また、障害が、機能障害を有する者とこれらの者に対する態度及び環境による障壁との間の相互作用であって、これらの者が他の者との平等を基礎として社会に完全かつ効果的に参加することを妨げるものによって生ずる」とあります。また、障害者権利条約の第一条「目的」において「障害者には、長期的な身体的、精神的、知的又は感覚的な機能障害であって、様々な障壁との相互作用により他の者との平等を基礎として社会に完全かつ効果的に参加することを妨げ得るものを有する者を含む」とされています。

我が国における法律である「障害者基本法」第二条では、障害（児）者とは、「身体障害、知的障害、精神障害（発達障害を含む）その他の心身の機能の障害（以下「障害」と総称する）がある者であって、障害及び社会的障壁により継続的に日常生活又は社会生活に相当な制限を受ける状態にあるものをいう」とされています。さらに、関連する法律でも**表1**のように定義されていますが、細かくなりますが、

表1　関連する法律における障害児者の定義

法律名称	定　　義
障害者の日常生活及び社会生活を総合的に支援するための法律（障害者総合支援法）	第四条　この法律において「障害者」とは、身体障害者福祉法第四条に規定する身体障害者、知的障害者福祉法にいう知的障害者のうち十八歳以上である者及び精神保健及び精神障害者福祉に関する法律第五条に規定する精神障害者（発達障害者支援法＝平成十六年法律第百六十七号＝第二条第二項に規定する発達障害者を含み、知的障害者福祉法にいう知的障害者を除く。以下「精神障害者」という。）のうち十八歳以上である者並びに治療方法が確立していない疾病その他の特殊の疾病であって政令で定めるものによる障害の程度が厚生労働大臣が定める程度である者であって十八歳以上であるものをいう。 ２　この法律において「障害児」とは、児童福祉法第四条第二項に規定する障害児をいう。
障害を理由とする差別の解消の推進に関する法律（障害者差別解消法）	第二条　この法律において、次の各号に掲げる用語の意義は、それぞれ当該各号に定めるところによる。 一　障害者　身体障害、知的障害、精神障害（発達障害を含む。）その他の心身の機能の障害（以下「障害」と総称する。）がある者であって、障害及び社会的障壁により継続的に日常生活又は社会生活に相当な制限を受ける状態にあるものをいう。
身体障害者福祉法	第四条　この法律において、「身体障害者」とは、別表に掲げる身体上の障害がある十八歳以上の者であつて、都道府県知事から身体障害者手帳の交付を受けたものをいう。
精神保健及び精神障害者福祉に関する法律（精神保健福祉法）	第五条　この法律で「精神障害者」とは、統合失調症、精神作用物質による急性中毒又はその依存症、知的障害、精神病質その他の精神疾患を有する者をいう。
発達障害者支援法	第二条　この法律において「発達障害」とは、自閉症、アスペルガー症候群その他の広汎性発達障害、学習障害、注意欠陥多動性障害その他これに類する脳機能の障害であってその症状が通常低年齢において発現するものとして政令で定めるものをいう。 ２　この法律において「発達障害者」とは、発達障害がある者であって発達障害及び社会的障壁により日常生活又は社会生活に制限を受けるものをいい、「発達障害児」とは、発達障害者のうち十八歳未満のものをいう。
知的障害者福祉法	定義規定はなし
児童福祉法	第四条　２　この法律で、障害児とは、身体に障害のある児童、知的障害のある児童、精神に障害のある児童（発達障害者支援法＝平成十六年法律第百六十七号＝第二条第二項に規定する発達障害児を含む。）又は治療方法が確立していない疾病その他の特殊の疾病であつて障害者の日常生活及び社会生活を総合的に支援するための法律＝平成十七年法律第百二十三号＝第四条第一項の政令で定めるものによる障害の程度が同項の厚生労働大臣が定める程度である児童をいう。

2022年８月時点

一度確認してみてください。

障害者権利条約における障害の概念に影響を与えているのが、２００１年第54回国際保健会議（WHO総会）で採択された「国際生活機能分類」（International Classification of Functioning, Disability and Health：ＩＣＦ）における障害の捉え方です。ここでは、ＩＣＦにおける障害の捉え方を理解するために、ＷＨＯが１９８０年に発表した「国際障害分類」（International Classification of Impairments, Disabilities, and Handicaps：ＩＣＩＤＨ）とともに確認していきます。

■障害を階層で捉えるＩＣＩＤＨ

上田敏さんは論文「国際障害分類初版（ＩＣＩＤＨ）から国際生活機能分類（ＩＣＦ）へ——改定の経過・趣旨・内容・特徴」（『ノーマライゼーション　障害者の福祉』第22巻、２００２年）のなかで、先進国での寿命の延伸、疾病をもつ者や障害者の増加、そして、障害者の人権尊重という機運があいまって「疾患が生活・人生に及ぼす影響」を考慮する必要があるという意識が高まり、１９８０年にＩＣＩＤＨが発行されるに至った、と指摘しています。つまり、急性期の症状が治まったりケガが治癒したりしても、通常の社会生活を送るには保健・福祉などの特別な継続的支援を必要とする人たちの問題に焦点化したモデルとして、各方面に強い影響を与えたのです。

ＩＣＩＤＨのモデルを図1に示します。このモデルでは、左端の「疾病・変調」が原因となり、「機能・形態障害」が起こり、そして「能力障害」を生じさせ、それが「社会的不利」につながっていくものと

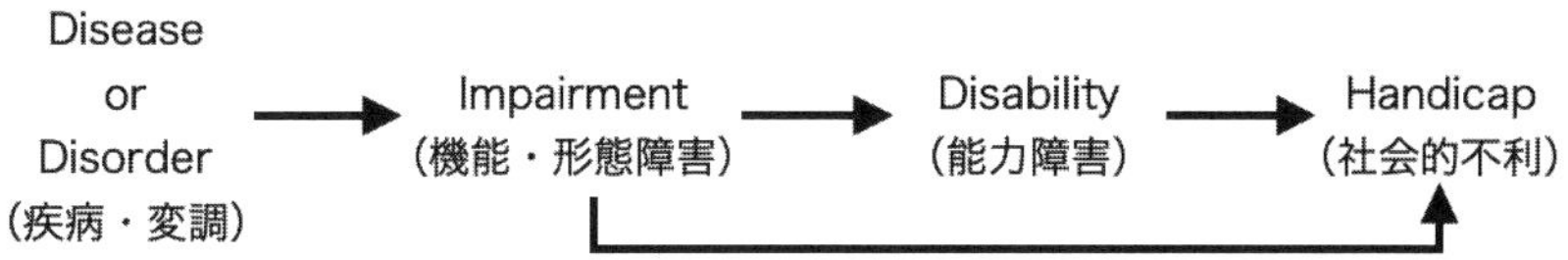

図１　国際障害分類（ＩＣＩＤＨ）

して障害を捉えています。このため、ＩＣＩＤＨの特徴は、障害を三つの階層（機能・形態障害、能力障害、社会的不利）で捉える障害理解（障害の階層性）にあるといえます。階層性とは、ものごとを単純から複雑へとさまざまな階層に積み重ねた構造として理解することを指します。ここでは、風疹性難聴を例に、ＩＣＩＤＨのモデルに当てはめて具体的に見ていきます。

　風疹に免疫がない女性が妊娠中に風疹に罹患すると、風疹ウィルスに胎児が感染し、先天性風疹症候群（congenital rubella syndrome：ＣＲＳ）と総称される障害を引き起こすことがあります。そして、ＣＲＳの三大症状の一つとしてあげられるのが難聴です。つまり、妊娠中の母親の病気（疾病・変調）が原因となり、聴神経が損傷を受け聴覚に異常（機能障害）が生じます。これが風疹性難聴なのですが、聴覚に異常をもった結果、その後の発達においてコミュニケーション障害（能力障害）が生じ、さらにそのことによって就学や就職などの社会参加の機会で不利益を被ること（社会的不利）につながっていくという一連のプロセスで障害を捉えようとしています。

　さらに、図1には「機能・形態障害」から「社会的不利」に通じるバイパスも示されています。これは例えば顔にアザがあるなどの形態障害により、社会的不利を起こし得ることを示しています。この場合は、とくに能力障害があるわけではありません。しかし、見た目を周囲からからかわれることにより集団から疎外されたり、そのような経験をもつことから積極的に社会的な場へ参加できなくなったりすることによっても、社会的不利の状態が生起してしまいます。

このように、ＩＣＩＤＨのモデルでは、障害を三つのレベルで捉えるという、障害の階層性を示したという点で非常に画期的なものであったといえます。しかし、モデルが提唱された当初から、障害のマイナスの側面にのみ着目して、プラスの側面への着目が不足していることや、主観的障害が軽視されていること、障害を捉える枠組みが個人内に閉じられており、環境的要因がモデルに組み込まれていないことなど、批判もありました。そのため、その後20年余りにわたるＩＣＩＤＨ改訂の作業は、①機能障害のレベルに医学研究の成果を反映させること、②「社会的不利」をもたらす過程における社会的・物理的役割を明確にすること、③「能力障害」の分類に代表される否定的表現の変更を検討すること、といった課題をもちつつ、障害者が権利の主体となる取り組みと相互に作用し合いながら進められ、ＩＣＦへと発展していきました。

■障害のプラス面に着目したＩＣＦ

ＩＣＦのモデルを図２に示します。障害を三つのレベルで捉えようとすることは、ＩＣＩＤＨと共通しています。しかし、マイナスの側面ではなくプラスの側面に着目することで、「機能・形態障害」から「心身機能・構造」へ、「能力障害」から「活動」へ、そして、「社会的不利」から「参加」へと、用語が置き換わっています。すなわち、それぞれのレベルが障害された状態とは、「心身機能・構造の障害」、「活動の制限」、「参加の制約」となります。
「心身機能・構造」「活動」「参加」の三つを合わせた包括概念が「生活機能」と呼ばれるのであり、ＩＣＦの中心概念となります。大川弥生さんは「生活機能」について以下のように述べ、「心身機能・構造」を生命レベル、「活動」を生活レベル、「参加」を人生レベルとしてそれぞれのレベルを捉えています。

「心身機能・構造」とは手足の動き、精神の働き、視覚・聴覚、内臓の働きなど、身体構造とは、手足などの、体の部分のことです。これに問題がある場合がたとえば、手足のまひ、心臓や呼吸の機能の低下、関節の動きの制限などです。「活動」は日常の生活で目的を持って行っている、生活行為のことで、身の回りの行為、家事の手伝い、スポーツをすること、本を読む、遊ぶことなどの行為です。単なる個々の動作ではありません。「参加」とは、社会や家庭の中での役割を果たすこと、権利を享受したり楽しむなどの社会的なレベルです。

（「ＩＣＦ―ＣＹ（ＷＨＯ国際生活機能分類・児童版）――〝生きることの全体像〟についての〝共通言語〟の派生分類」『ノーマライゼーション　障害者の福祉』第29巻、２００９年）

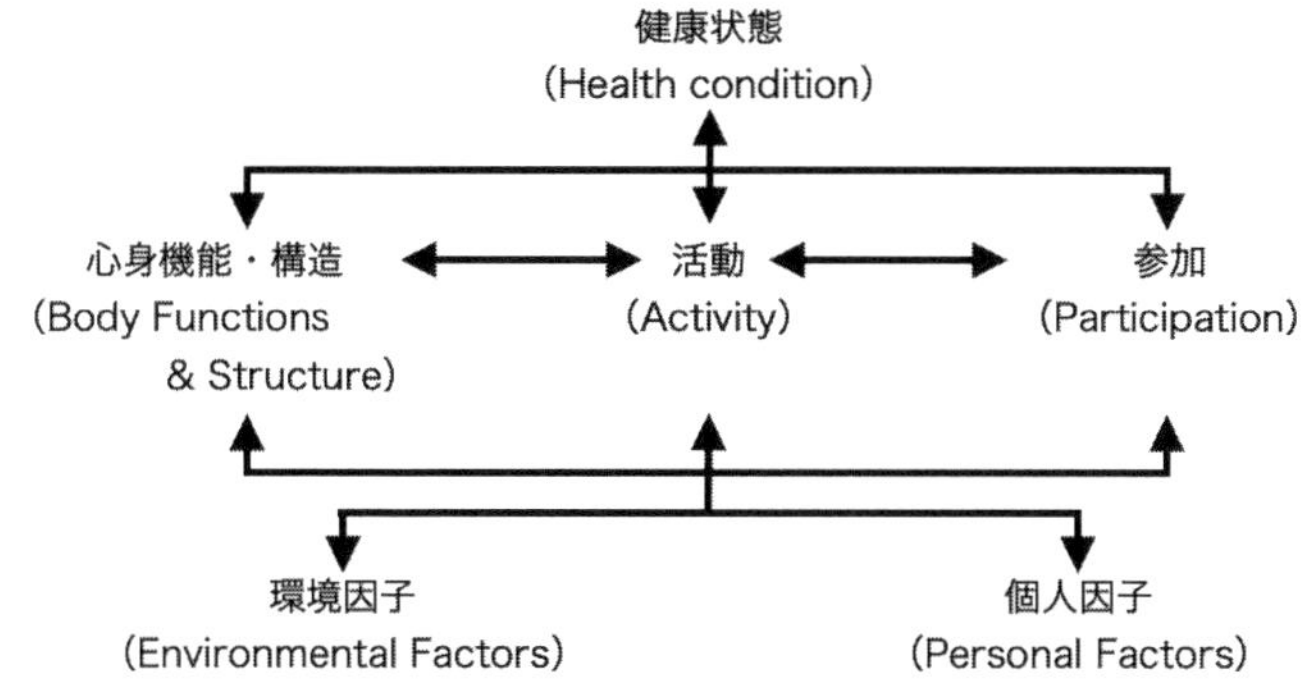

図２　国際生活機能分類（ＩＣＦ）

加えて、ＩＣＦでは「疾病・変調」から「健康状態」へと用語が変更され、疾患だけでなく、妊娠や高齢、遺伝的素因、先天性異常、ストレス状態など広範囲のものを含む概念となり、さらに、「健康状態」が三つの「生活機能」それぞれと両方向の矢印で結ばれる相互作用モデルが採用されています。そして、「生活機能」とその障害に影響を与える背景因子として、「個人因子」だけでなく「環境因子」を位置づけたことも、このモデルの特徴といえるでしょう。「個人因子」には、年齢や性別、生活様式、人生における価値観なども含まれています。「環境因子」には、物理的環境だけでなく、人的環境や社会的・制度的環境も含まれる広い概念となります。

以上のことから、「障害」というマイナスの側面だけに着目したもの（ＩＣＩＤＨ）から、プラスの側面を含む生活全体を見据えた「生活機能」を評価するもの（ＩＣＦ）へと転換が図られたといえます。さらに、背景因子として「環境要因」が含まれたことは、筆者が専門としている発達心理学においても重要な意味をもちます。それは、心理学が環境との相互作用で生じる人間の認知や行動特徴を検討する学問であることから、障害を環境との相互作用のなかで生じるものとして捉えたとき、心理学的視点が障害の理解にとって必要不可欠な視点となるからです。

■発達の質的転換と障害

ここまで障害の捉え方について説明してきました。それでは、障害と発達とがどのような関係にあるのか、すなわち、障害をもつ子どもの発達をどのように捉えるのかについて考えてみたいと思います。

第1章で、発達とは質的に異なる段階を、質的転換を生じさせつつ高次化させていく現象であることを述べました。それは障害をもつ子どもにおいても同様です。しかし、障害をもつ子どもに発達の遅れが生じやすいことも事実です。

白石正久さん（『発達の扉（上）』かもがわ出版、1996年）によると、209名の障害をもつ子どもの発達検査から算出される発達年齢の分布を調べたところ、いくつかの発達年齢に分布が偏ることが明らかにされています。障害と発達とが無関係であれば、このような分布の偏りは生じず、どの発達年齢にも一定の人数が分布されるはずです。白石さんの結果からは、障害をもつために、特定の発達年齢や発達段階にとどまりやすいこと、すなわち、特定の段階において発達の質的転換が生じにくくなっていると考えられます。

このように、障害と発達との関係として、障害をもつことにより特定の段階において発達の質的転換が生じにくくなり、発達の遅れにつながることをあげることができます。まさにこれが障害と発達との一つ目の関係であり、障害による制約が質的転換に必要となるエネルギーを生じにくくさせるという関係です。この関係の一つの例として、自閉症スペクトラム障害児がその障害の特性ゆえに、他者とのやりとりが成立しにくいことや集団活動への参加が困難となることにつながりやすく、そのことが発達にとって必要となる遊びのなかで経験を積むことを難しくさせ、その結果、認知機能や言語の発達に遅滞が見られることがあげられます。この他にも、脳性まひにより自律した移動が行えず、発達にとって重要となる環境の探索を制限することになり、結果として認知機能や自己意識・主体性などの発達に遅れが見られるなどもあげられます。すなわち、障害をもつことにより活動への参加が制約を受けることで、発達の質的転換に必要となる生活経験やエネルギーを蓄えることが難しくなり、結果としてさまざまな側面での発達に遅滞が見られることになります。

■発達的変化が障害の行動特徴を強める

障害と発達との関係の二つ目が、発達に伴い障害による行動特徴が強まることがあるというものです。ここでは以下の二つの事例からこの関係について見ていきたいと思います。

一つ目の事例は、以前巡回相談をした保育園で出会ったADHDが疑われるMくん（年長児）の事例です。幼児期後半になると、勝ち負けや一番という順位にこだわる子どもに出会うことがあります。Mくんもそのような一人でした。巡回相談当日の姿としては、部屋から遊戯室に移動するため、先生のかけ声とともに部屋の入り口に一列に並ぶのですが、その列の先頭になれなかったことがきっかけとなりMくんが泣いて怒りはじめ、近くにあった本棚をひっくり返してしまい、結果として担任の先生に注意される場面がありました。「一番になりたい」という要求が叶っていればこのような姿にはならないものの、集団での生活ですので、いつも一番になれるわけではありません。また、同じように一番になりたいという思いをもっている子どもがいますので、担任の先生もMくんだけを特別扱いすることはできません。さらに、保育後のカンファレンスで、担任の先生から「『一番になりたい』という思いが強すぎるのか、私たちの指示を聞かず、そわそわしていることが多い」、「『一番になれない』と思ったら、出しているおもちゃを勝手に片付けたり、使っているおもちゃを投げ飛ばしたりしてしまい、他児からも怒られることが多い。そのような他児からの叱責が積み重なることも彼にはストレスになっていて、不安定な時が多い」など、対応に苦慮しているとの報告がありました。

続いて二つ目の事例です。筆者が観察を実施していた療育施設で出会った自閉症スペクトラム障害をもつEくんの事例です。Eくんが入園直後だった2歳半ばの頃から観察を始めたのですが、入園当初は初めての環境で戸惑いも見られたものの、すぐに園での生活にも慣れ、穏やかな性格もあいまって療育場面でとくに混乱することなく過ごすことができていました。療育2年目になると、徐々にことばの数も増えてきて、先生に対してことばで要求を出すことや、先生の簡単なことばによる指示を理解できるようになりました。集団活動場面では、好きな活動とそうでない活動で参加のモチベーションが異なることや、スライムなど苦手な感触が伴う活動には参加したがらない姿も見られましたが、比較的落ち着いて過ごすことができていました。しかし、療育3年目になると、その姿は大きく変化します。この時期、Eくんは母親に「次にすることは何か」を何度も尋ねるようになり、療育のなかでも活動を開始する前に必ずスケジュールを確認しないと気が済まない、当日のスケジュールで嫌いな活動があると先生を叩く、などの姿を示すようになったのです。

以上のように、Mくんの場合には、勝ち負けの価値を認識できるようになることや、一番になりたいという要求をもつようになることが、衝動的な行動につながっていると考えられます。同様に、Eくんの場合にも、徐々に活動や生活の流れの見通しがつくようになることなどが、次の活動を確認しないと活動に移ることができない姿（いわゆる儀式的行動）や、嫌いな活動が見通せるために他者を攻撃する姿につながったと考えられます。これらのことは、認知や自己意識の側面で発達的に変化することにより、障害による行動特徴を強めてしまうという両者の関係があることを意味するといえるでしょう。

■発達の矛盾により制約を乗り越える

以上の二つの関係は、障害と発達が互いにマイナスの影響を与える関係を示すものでありました。しかし、障害と発達は、必ずしも互いにマイナスの影響を与える固定された関係ではないと捉えることが必要です。それは、発達の矛盾が障害による制約を乗り越えるきっかけとなることもあるからです。

筆者が修士論文作成のために療育施設での観察を実施していた際に出会った自閉症スペクトラム障害をもつDくんの事例です。Dくんは入園まで母親との愛着関係も形成されていなかったのですが、入園後に母子分離を経験することですぐに母親が愛着対象となりました。その後、しばらくは登園後の母子分離場面で激しく泣き、パニックになってしまいます。その際、Y先生がゆっくりと時間をかけて、Dくんが落ち着くまで寄り添い続けます。次第に母子分離場面で泣くことはなくなるとともに、複数の先生がいるなかでY先生に身体接触を求めたり、食事場面ではY先生が隣に座ることを求めたりするようになりました。このようにY先生を愛着対象として拡大させていくプロセスが見られたのですが、集団での療育場面であるため、いつもY先生がそばにいてくれるとは限りません。大変やさしいY先生ですので、他の子どもも先生の近くにいたい、一緒に遊びたいと、まさにY先生の取り合いが生じます。この時期のDくんは他児とのやりとりを巧みに行えるわけではなく、むしろ他児の存在そのものがストレスになっている様子でした。そのため、Dくんは Y 先生の近くに他児がいると先生に近づくことができず、また、他児の泣き声などが苦手で自らの耳を手で押さえ、「ウ～」と不快な声を出して保育室から出ようとする姿をよく示していました。

他児との接触を避けることや、他児の存在そのものや他児が出す声などの刺激を避けることは、自閉症スペクトラム障害をもつ子どもの特徴としてあげられるものですが、このような状態のままではいつまで経っても大好きな Y 先生に近づくことができません。5か月ほど Y 先生に近づきたいけれど近づけない葛藤状態が続いたのですが、やがては身体接触を求めて他児がそばにいる状況でも Y 先生に近づくことや、大好きな Y 先生が保育室にいる状態であれば、他児の泣き声を聞いてパニックになりそうになりながらも、先生の近くに行き身体的に接触してもらうことで、保育室から出て行こうとする姿は見られなくなりました。Dくんの事例は、愛着対象を拡大させていくという発達プロセスのなかで、自閉症スペクトラム障害をもつことによる制約を乗り越えることができたといえるのではないでしょうか。

■障害と発達の関係を捉える意味

このように、障害と発達との関係には、障害が発達の質的転換を制約すること、そして、発達的変化が障害による行動特徴を強めてしまうことなど、互いにネガティブに作用する関係にあると同時に、障害による制約を発達により乗り越えていくという関係にもあります。このような一見矛盾しているような関係ですが、障害を発達との関係で捉えることは、障害をもつ子どもへの支援において重要な意味をもつように思います。

ここまで述べてきた障害と発達の関係の1点目と2点目は、ともに障害による行動特徴が関与することもあり、支援のなかでも着目されやすいように感じます。とくに、2点目は障害による行動特徴が強まりますので、支援においては「問題行動」の増加として評価されやすいようです。このように子どもの行動を評価する際には、発達的変化と関連する形で捉えられていないことが多く、まさに第1章で指摘したように、顕在的な水準である障害による行動特徴に過度に着目してしまい、潜在的水準である発達的変化が過小評価される傾向にあるといえるでしょう。発達的変化が生じているからこそ障害による行動が強まるという関係を理解しておくことは、支援において子どもの行動を理解するうえで重要な視点となります。

一方で、障害と発達との3点目の関係では、障害により制約を受ける行動が減少し、ポジティブな行動（例：Dくんの愛着行動）が増加しています。しかし、ポジティブな行動の増加は発達と関連させて捉えられることはあるとしても、障害により制約を受ける行動の減少を発達と関連させることは少ないように思われます。その理由の一つとして、障害により制約を受ける行動が減少しても、支援において「問題」とならないことがあげられるでしょう。Dくんの事例でも、他児がいても先生に近づくことができたり、不快な情動を示しつつも保育室にいることができたりする姿は、その逆の姿に比べると、支援者にとって手がかからず、「問題」として表面化しなくなりました。このように、障害により制約を受ける行動が減少するのに伴って、支援で「問題」となる行動が消失するプロセスを発達との関連から検討することは、より幅広く、深い子ども理解につながります。加えて、このような捉え方は、支援での「問題」につながりやすい子どもの行動ばかりに着目してしまうことを防ぐこともできますし、支援内容の妥当性を検証する際にも重要となります。

障害のある子どもへの支援においては、「問題」となる行動や場面に着目されやすく、支援が効果的に子どもに影響していること、つまり、支援が「うまくいっている」ことは、どちらかというと軽視されてしまうようです。支援において「なぜうまくいかないのか」を考える視点と同様に、「なぜうまくいったのか」を問う視点も、豊かな実践につながる重要な視点であると思います。このような視点から支援を捉えるうえでも、障害により制約を受ける行動の減少や、その行動の減少に伴う「問題」となる行動の消失プロセスを発達との関連から検討することが重要となります。

■「障害の社会モデル」という視点

ＩＣＦにおいて、生活機能に影響を与える背景因子として、個人因子と環境因子を位置づけたことが特徴となることはすでに指摘しました。ここまで障害と発達との関係を見てきましたが、どちらかというと個人因子に話が偏っていました。そこで、ここでは環境因子との関係から障害について考えてみます。

「2階建の建物で、階段が設置されていない建物はない」。これは車いすを使用する障害者と健常者との差異を示すために用いられる表現です。階段がなければ健常者も2階には上がれません。そのため、階段が設置されていない2階建の建物はありません。一方、車いす使用者の場合、階段の設置だけでは自分一人で2階には上がれません。車いす使用者が2階に上がるためには、エレベーターや車いす用のリフトの設置が必要となります。このようなエレベーターやリフトの設置は、バリアフリーと呼ばれる物理的障壁の除去の代表的な例の一つとなります。しかし、階段がない2階建の建物はありませんが、エレベーターやリフトが設置されていない2階建の建物は多く存在します。

このような物理的・制度的な障壁は「社会的障壁」と呼ばれます。障害を社会的障壁と個人の心身機能の障害との相互作用によってつくり出されるものと捉え、障壁を取り除くのは社会の責務であるとする考え方が「障害の社会モデル」です。これに対して、障害は個人の心身機能が原因であるとする捉え方が「障害の医学モデル」であり、治療やトレーニングによる個人の能力の向上や回復が目指されることになります。まさに、ICIDHのモデルは「障害の医学モデル」に基づくものといえます。なお、この二つのモデルのどちらが正しいということはありません。しかし、障害者権利条約には「障害の社会モデル」の考え方が反映されており、障害者基本法や障害者差別解消法における障害者の定義も同様です。2011年に障害者基本法が改正されるまでの定義では「この法律において『障害者』とは、身体障害、知的障害又は精神障害（以下「障害」と総称する）があるため、継続的に日常生活又は社会生活に相当な制限を受ける者をいう」とされており、「障害の医学モデル」が重視されたものでした。

さらに、改正された障害者基本法は社会的障壁を「障害がある者にとって日常生活又は社会生活を営む上で障壁となるような社会における事物、制度、慣行、観念その他一切のものをいう」と定義しています（第二条の二）。国土交通省『こころと社会のバリアフリーハンドブック』によると、社会的障壁には4種類（物理的なバリア、制度的なバリア、文化・情報面でのバリア、意識上のバリア）ありますが、以下では「意識上のバリア」という点に着目し、障害の「生成」と「成立」との関係について、自閉症スペクトラム障害児者が示すコミュニケーションの障害を例として詳細を見ていきたいと思います。

■「あいだ」にあるコミュニケーション障害

西村章次さんと小澤勲さんの以下の指摘は、自閉症スペクトラム障害児者が示すコミュニケーションの障害を捉えるうえで非常に示唆に富むものといえます。

> 普通、「自閉症」というと、人を避けているようにイメージしてしまう。それはとんでもない彼らへの誤解だということがわかってきた。（中略）彼ら一流の方略（彼ら独特の処理の仕方）で事が解決できたとき、彼らのコミュニケーションは比較的安定し、成功している。成功しているときのコミュニケーション場面は、一対一か、ないしは少数の集団内における場合が多いが、コミュニケーションが保たれた場面から彼らは逃げようとしない。コミュニケーションを楽しみ、その持続を期待している事実に気づく。自閉性障害の特性は人を避ける症状ではない。
>
> （西村章次『自閉性障害を考える　発達的理解と指導』全国障害者問題研究会出版部、１９９１年）

> 自閉症児・者の症状の本態は、人を避けることにあるのではなくて、人とのかかわりを求めているのにもかかわらず、コミュニケーション手段が苦手なために人から逃げられている。
>
> （西村章次『自閉症とコミュニケーション』ミネルヴァ書房、２００４年）

・自閉症範疇《はんちゅう》化の中核症状は自閉である、というのが筆者の結論である。
・自閉は症児の属性としてではなく、治療者と症児との関係の問題として、あるいは〈みるもの〉の心の現象としてとらえられている。
・自閉は人と人との関わりの中で生起する事態としてみるべきであり、症状としてとらえるべきではない。

（小澤勲『自閉症とは何か』洋泉社、２００７年）

両者ともに、自閉症スペクトラム障害をもつ子どもに見られるコミュニケーションの障害を、子ども個人にのみ求めるのではなく、子どもと他者の双方が形成する「関係性」に求めていることが特徴です。第3章で詳細を説明しますが、自閉症スペクトラム障害をもつことにより障害に特徴的な行動を示すため、他者とのコミュニケーションがうまく成立しないことが多いことも事実です。しかし、コミュニケーションは一人で成立するものではなく、必ず相手を必要とします。ですので、コミュニケーションの障害は、コミュニケーションを行う双方の要因が複雑に絡み合う形で成立するということになります。つまり、自閉症スペクトラム障害をもつことは、コミュニケーションの障害を「生成」する要因ではありますが、障害をもつことがコミュニケーションの障害を「成立」させる要因ではありません。まさに自閉症スペクトラム障害児者とコミュニケーションを行う他者との「あいだ」に生じているのが、自閉症スペクトラム障害児者が示すコミュニケーションの障害なのです（図3）。
このような自閉症スペクトラム障害のコミュニケーションの障害の捉え方は、ソーシャル・スキル・

トレーニング（ＳＳＴ）について重要な視点を提示していると思います。ＳＳＴは複数の理論を背景とし、さまざまな技法が含まれる訓練法の総称ですが、いわゆる他者とのコミュニケーション場面で必要となるスキルを中心とした日常生活の困難を解決することを目指すアプローチであるといえます。ＳＳＴの有効性は広く認められており、近年では自閉症スペクトラム障害を中心とした発達障害児者への支援のなかで用いられることも多く、その有効性も示されています。しかし、すでに述べたように、自閉症スペクトラム障害をもつ子どもの行動特徴だけでコミュニケーションの障害が「成立」しているわけではありません。もちろん、自閉症スペクトラム障害をもつ子どもの行動特徴はコミュニケーションの障害を「生成」する要因となりますので、ＳＳＴをはじめとした支援は重要です。しかし、変わるべきは子どもだけではなく、コミュニケーションを行う他者のかかわり方や障害による行動特徴の捉え方と理解も含まれるのです。ＳＳＴを実施するにあたり、この点についての理解が欠けてしまうと、子どもの行動変容を目指したスキル獲得のみが目的となる偏った指導につながる恐れがあります。このような偏った指導が全ての原因とまではいえませんが、指導場面では獲得した行動が見られても、その他の場面へと行動の広がりが見られにくいことや、他者の指示や他者の求めに応じて獲得した行動を行うことがあっても、自発的に行動を生起させないことがあると語る養育者や支援者が多いのも事実です。また、実際にＳＳＴを受けた自閉症スペクトラム障害をもつ小学生と関わる機会があった際に、トレー

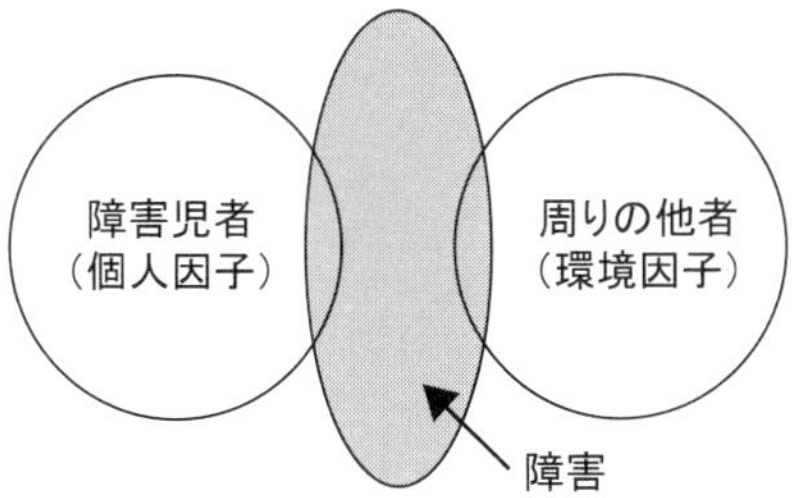

図３　自閉症スペクトラム障害に見られるコミュニケーションの障害

ニングにより行動を獲得した彼が、「なぜその行動をしないといけないのかがわからない」と語ったことも印象に残っています。

このように、障害をもつ子どもが示す特徴的な行動は、障害を「生成」する要因ではあるものの、障害を「成立」させる要因ではないこと、障害が成立するか否かは、ＩＣＦで背景因子として位置づけられている環境因子が生み出す社会的障壁との関係によって決定するということを理解することが、障害をもつ子どもへの支援において、個人因子である行動特徴の変容だけを求めることを防ぐために必要となります。

■「ヨコへの発達」と「待つこと」を大切にする

この章の最後に、障害をもつ子どもへの支援において、大切にしたいと考えている二つの視点を取り上げたいと思います。

一つ目の視点は、障害をもつ子どもの発達を、「タテへの発達」だけでなく、「ヨコへの発達」として捉えていく視点です。このような視点は、滋賀県大津市にある近江学園の実践から１９６０年代に提起された発達保障論の理論的支柱となる考え方です。

第１章で、発達は「できる」ことが増えるだけでなく、「できない」ことや「できなくなる」ことも含めて広く捉えていくことが必要であると述べました。とりわけ、障害をもつ子どもの発達を捉えていくうえでは、「できない」ことをその子ども自身や支援者がどのように受け止め、今「できる」ことを用いて「できない」ことに立ち向かっていくのか、という点が重要となります。障害と発達との関係についてすでに触れていますが、障害をもつことにより、発達の質的転換が生じにくくなり、特定の発達段階や発達年齢に停滞することが見られます。障害の程度が重度であるほど、発達段階や能力の高次化が生じにくくなりますので、新しく「できる」ことが増えていく「タテへの発達」は見られにくくなります。一方で、「ヨコへの発達」では、たとえ発達段階や能力が同じままであっても、その能力が発揮できる場面や、発揮できる他者の広がりも「発達」として捉えていきます。新しく「できる」ことを増やすのではなく、今「できる」ことをさまざまな場面で「できる」ようになること、他者と一緒に「できる」ようになることも発達として捉えていくことによってこそ、障害をもつ子どもへの支援目標が『新しく「できる」ことを増やす』ことから脱却し、『今「できる」ことを充実させる』ことへとつながるように思えるのです。

二つ目の視点が、「待つ」ことを重視する視点です。ここには2点の意味が含まれます。1点目は障害の早期発見・早期対応との関係です。これまでの研究からも、障害のリスクを早期に発見し早期に対応することが、その後の発達をポジティブなものとすることが一貫して示されています。そのため、早期発見・早期対応は非常に重要となることは疑いようがありません。しかし、この早期発見・早期対応は、必ずしも早期に「効果を示す」こと、あるいは、早期に「完了させる」ことを意味してはいないはずです。にもかかわらず、早期対応を行う現場では、現在子どもが示している「問題」となる行動に対して、すみやかに「効果が出る」ように支援することや、目標とする行動や能力の獲得を「完了」させることが強く求められすぎているように感じます。現時点での支援が即時的な効果を示さないものの、発達とともにやがて効果が現れることも、早期発見・早期対応のなかでは重要となるのではないでしょうか。つまり、乳幼児期にまいた種が、児童期や青年期で芽を出し、花ひらくことを「待つ」ことも支援では重要な意味をもつといえます。

次に、「待つ」ことの2点目の意味は、支援者のかかわり方との関係です。近年では障害をもつ子どもへの支援において、個別の指導計画を作成し、それに基づいた指導・支援内容の実施と、PDCAサイクルによる評価を実施することが求められています。個別の指導計画の作成によって、行動観察や個別検査でのアセスメントにより子どもの状態像をより細かくつかむことができる点や、指導の方向性が共有されやすく体系的な指導・支援も可能になる点、子どもの達成度や指導・支援に対する評価の視点が明確化する点など、多くのメリットがあることが指摘されています。しかし、指導・支援内容を評価する際には、子どもに対する、目で見えるはたらきかけがその対象となります。一方で、「待つ」ことは非常に重要なかかわり方であるものの、直接的・物理的に子どもにアクションを起こすことはなく、目で見えるはたらきかけではありません。そのため、「待つ」ことによって、子どもが次にその行動を示したのかどうか、因果関係が推定できないことになります。

また、「待つ」ことがイコール、「何もしていない」と他の支援者や保護者の目に映ることを懸念してしまうことも影響するのかもしれません。障害をもつ子どもへの支援を行う方々に対して研修で話をさせていただくときに、このような点について、大変失礼ながら「支援しなきゃ病」と呼んで紹介しています。個別の指導計画での支援の評価のために「何か支援しなくてはいけない」「でもどうすればいいかわからない」という負のスパイラルに陥っている支援者の方から、「まさに自分は支援しなきゃ病です」

といった感想をいただくことも多いです。このように、評価との関係で目に見える形でのはたらきかけが必要となり、実践のなかで大切となる「待つ」という支援ができにくい状況になりつつあります。「待つ」ことは「何もしていない」のではなく、「信じて待つ」という支援者の子どもへの信頼があってこそのかかわり方ですし、自分のことを「信じて」くれる他者の存在は、障害の有無に関わらず、子どもの発達において重要となるように思われます。

《引用・参考文献》

国土交通省総合政策局安心生活政策『こころと社会のバリアフリーハンドブック』２０１８年（https://www.mlit.go.jp/common/001250069.pdf　２０２２年8月11日アクセス）
西村章次『自閉症とコミュニケーション』ミネルヴァ書房、２００４年
西村章次『自閉性障害を考える　発達的理解と指導』全国障害者問題研究会出版部、１９９１年
大川弥生「ＩＣＦ―ＣＹ（ＷＨＯ国際生活機能分類・児童版）――〝生きることの全体像〟についての〝共通言語〟の派生分類」『ノーマライゼーション　障害者の福祉』第29巻、２００９年（https://www.dinf.ne.jp/doc/japanese/prdl/jsrd/norma/n332/n332018.html　２０２２年8月11日アクセス）
小澤勲『自閉症とは何か』洋泉社、２００７年
白石正久『発達の扉（上）』かもがわ出版、１９９６年
上田敏「国際障害分類初版（ＩＣＩＤＨ）から国際生活機能分類（ＩＣＦ）へ――改定の経過・趣旨・内容・特徴」『ノーマライゼーション　障害者の福祉』第22巻、２００２年（https://www.dinf.ne.jp/doc/japanese/prdl/jsrd/norma/n251/n251_01-01.html#D01-01　２０２２年８月11日アクセス）

第３章

自閉症スペクトラム障害の特性

■「連続体」としての障害

自閉症スペクトラム障害を説明するうえで、鍵となるのが「自閉症スペクトラム」という概念です。この概念は、イギリスの児童精神科医ローナ・ウィングにより提唱されました。スペクトラムは「連続体」という意味をもちます。

スペクトラムの意味を理解するため、ここでは中学校の理科の授業で学習する「光のスペクトル」を例に考えてみます。太陽の光をプリズムに通すと色の帯が出現します。この色の帯のことをスペクトルと呼び、人間が目で見ることができる領域の光は可視光線と呼ばれます。スペクトルは複数の色から構成され、波長の長い順から、赤・橙・黄・緑・青・藍・紫となります。雨が上がった直後に見られる虹は太陽光が空気中に浮かんだ細かな水滴をプリズムとして通ってできたスペクトルです。ここで重要となるのが、それぞれの順に並んだ色の境界線が明確ではないことです。虹は外側から内側にかけて赤・橙・黄・緑・青・藍・紫と変化していきますが、赤色から橙色へ、橙色から黄色へ、いつの間にか変色していきます。つまり、「ここからここまで」が赤色、そして「ここからここまで」が橙色という区別が非常にしにくく、外側から内側、あるいは、内側から外側へ、徐々に色が変化していきます。このような明確な区別ができない連続した状態が「スペクトラム（スペクトル）」なのです。

このようなスペクトラムの概念を取り込んだ捉え方が自閉症スペクトラム概念となります。そして、この概念を反映する形で２０１３年に改訂された米国精神医学会（American Psychiatric Association：ＡＰＡ）の診断マニュアル第５版（日本精神神経学会・日本語版用語監修『ＤＳＭ-５ 精神疾患の診断・統計マニュアル』髙橋三郎・大野裕監訳、医学書院、2014年）において、「自閉症スペクトラム障害」あるいは「自閉スペクトラム症」という表記に変更されました。なお、これら二つの表記は同一の障害を示すものです。どちらを使用してもよいのですが、本書では「自閉症スペクトラム障害」と表記します。

少し細かい話となりますが、2013年に診断マニュアルが改定される以前（『DSM-Ⅳ-TR』）は、「広汎性発達障害」というカテゴリーのなかに、「自閉性障害」「レット障害」「小児崩壊性障害」「アスペルガー障害」「特定不能の広汎性発達障害（非定型自閉症を含む）」という下位カテゴリーが設けられていました。『DSM-5』への改定では「レット障害」が染色体異常であり自閉症と関連しないことから、カテゴリーから除外されるとともに、残りの下位カテゴリーが廃止・統合される形で、「広汎性発達障害」から「自閉症スペクトラム障害」という診断名称に変更されました。そのため、少し古い図書などで「広汎性発達障害」ということばが出てきますが、自閉症スペクトラム障害とほぼ同じであると理解しても問題はありません。

■障害の個人差と連続性を捉える

自閉症スペクトラム障害の概念を示しているのが図1になります。ここでは、縦軸に知的発達の程度、横軸に自閉症スペクトラム障害の特性の程度を示しています。

図1のどこに位置づくかにより、自閉症スペクトラム障害をもつ子どもの姿が変化します。例えば、図1の左下に位置づいた場合、知的発達の程度が低く、自閉症スペクトラム障害の程度も強い子ども、

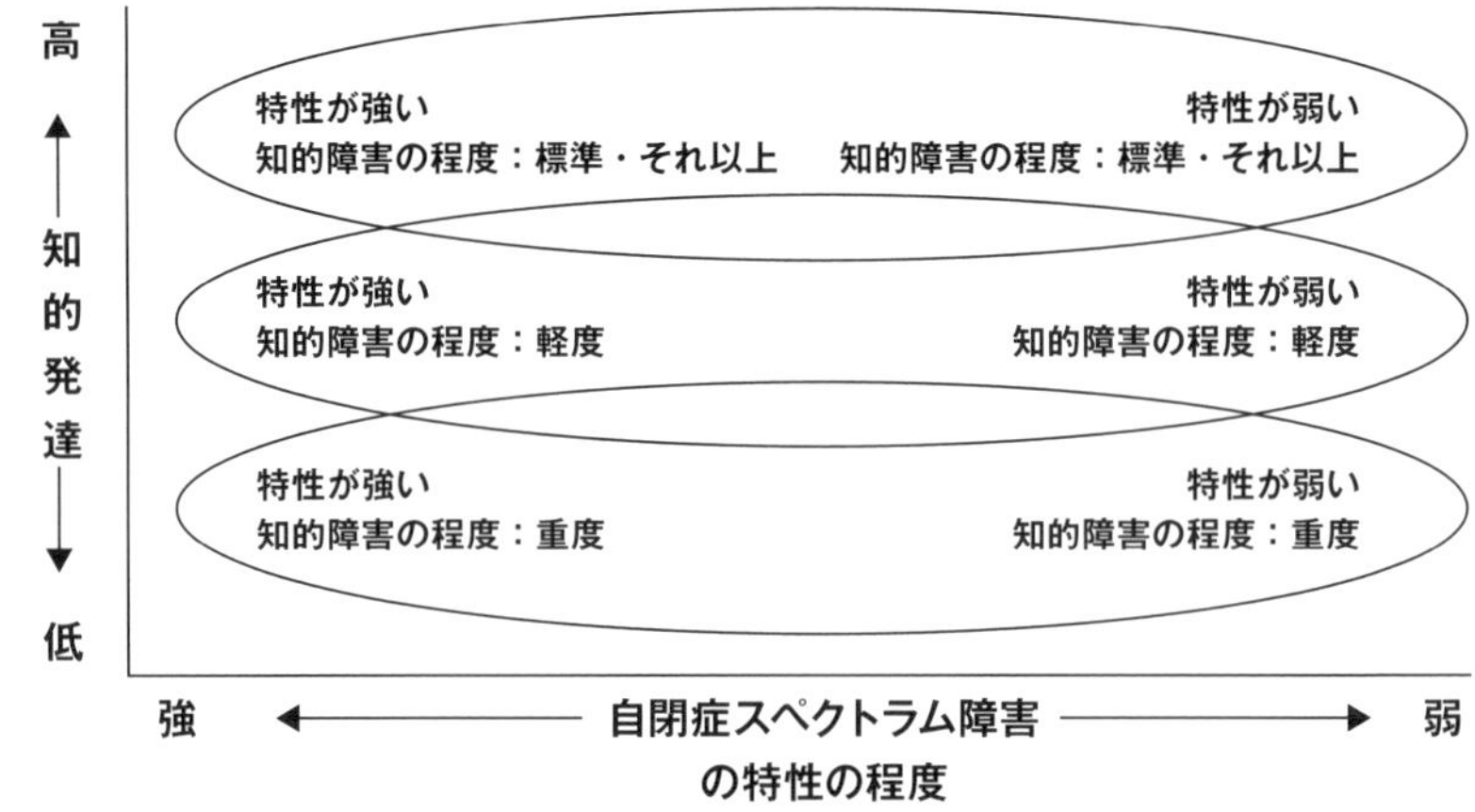

図１　自閉症スペクトラム障害の概念図

つまり、知的能力障害（以下、知的障害）を伴う自閉症スペクトラム障害をもつ子どもとなります。一方で、図１の左上に位置づく場合は、自閉症スペクトラム障害の程度は強い、あるいは、ある程度強いものの、知的発達は標準かそれ以上となります。ですので、いわゆる知的障害を伴わない自閉症スペクトラム障害をもつ子どもとなり、『ＤＳＭ-Ⅳ-ＴＲ』の下位カテゴリーの「アスペルガー障害」と呼ばれていた子どもや、「高機能自閉症」と呼ばれていた子どもが該当することになります。知的障害を伴っていないので、ここに位置づく子どもは通常の学校・学級で学ぶことになります。もしかしたら読者のなかにも、あるいは同級生のなかにも、ここに位置づく方がおられるかもしれません。

　このように障害をスペクトラムとして捉える意味はどこにあるのでしょうか。筆者は大きく二つの意味があると考えています。一つ目の意味が、自閉症スペクトラム障害をもつ子どもたちの「個人差」を捉えることにあります。研究にご協力いただいていた自閉症スペクトラム障害をもつ子どもの保護者の方が「だれ一人同じ『自閉症』を見たことがない」と話していました。自閉症スペクトラム障害児者とかかわる経験をもつ読者は、この指摘に同意いただけるのではないかと思います。自閉症スペクトラム障害をもつ場合、知的障害を伴うことでことばの産出が見られず、特別な教育の場(特別支援学校・特別支援学級)でサポートを受ける子どもから、知的発達が標準以上で、ことばの遅れも見られず、通常級での教育を受ける子どもまで、幅広い知的発達の状況にある子どもたちが含まれます。また、「こだわり」と呼ばれる自閉症スペクトラム障害をもつ子どもに広く見られる行動特徴も、感覚的な刺激に対する没頭(例:水道から滴る水滴を長時間見続ける、部屋の換気扇が回転するのを長時間見続けるなど)という形で示す子どももいれば、ある特定の知識の獲得(例:車の車種、深海生物など)や、一定のパターンへの固執(例:帰宅時の道順、モノの配置順序など)という形で示す子どももいます。

このように知的発達の程度や行動上の差異が極めて大きいことから、同じ自閉症スペクトラム障害という診断名に分類することが可能なのか疑問に思われるかもしれません。また、同じ診断名をもつにも関わらず一人ひとりの子どもが示す姿が異なることで、それぞれがもつ自閉症スペクトラム障害のイメージが異なるかもしれません。重要となるのは、発達の程度が個人により異なり、同時に個々が示すこだわりの種類やその程度もバラエティに富んでいるのですが、それらを要因として結果的に他者とのコミュニケーションがうまく行えない状態に陥っているのが自閉症スペクトラム障害であると捉えることです。自閉症スペクトラム障害は個人差が大きく、他者とのコミュニケーションを成立させにくくしている要因も個人により異なります。そこで見られる個人差を捉えるための概念が自閉症スペクトラム概念であるといえます。

二つ目の意味が、自閉症スペクトラム障害と定型発達や知的障害との連続性を捉えるという点です。再び図1を見てください。図の右下に位置づく場合は、知的発達の程度が低いものの、自閉症スペクトラム障害の程度は弱い子ども、つまり、知的障害のみをもつ子どもとなります。ここまで説明するとすでに説明が不要なのかもしれませんが、重要となるのは図の右上に位置づく存在です。ここに位置づく場合は、知的発達の程度が標準かそれ以上であり、自閉症スペクトラム障害の程度が弱い子ども、つまり定型発達や健常と呼ばれる子どもということになります。このことは、自閉症スペクトラム障害をかつての下位カテゴリーに分けずに連続体として捉えることと同様に、知的障害をもつ子どもや定型発達の子どもと、自閉症スペクトラム障害をもつ子どもとを分けて捉えるのではなく、連続した存在として捉えることが重要となることを意味しています。とくに、定型発達児者にとっては「どこか自分達と異なる存在」として、障害児者を分けて捉えようとしてしまう傾向にあります。障害をスペクトラム（連続体）として捉えることで、「ここからここまで」が自閉症スペクトラム障害であり、「ここからここまで」が定型発達であるとする捉え方が適切ではないことが提起できるのです。このことは自閉症スペクトラム障害だけでなく、その他全ての障害にも同じことがいえるのではないでしょうか。

■自閉症スペクトラム障害の定義と診断基準

ここまで自閉症スペクトラム概念について説明してきました。続いて、自閉症スペクトラム障害とはどのような障害なのかについて、定義と診断基準を見ていきます。

文部科学省は「自閉症とは、①他者との社会的関係の形成の困難さ、②言葉の発達の遅れ、③興味や関心が狭く特定のものにこだわることを特徴とする発達の障害です。その特徴は、3歳くらいまでに現れることが多いですが、成人期に症状が顕在化することもあります。中枢神経系に何らかの機能不全があると推定されています」と定義しています。

一方で、医学的診断の基準（『DSM-5』）では、以下のA～Eの項目があげられており、これらの項目に該当するときに自閉症スペクトラム障害と診断されます。やや専門的な用語も出てきますので、ここでは要約して記述しています。

A．複数の状況で社会的コミュニケーションおよび対人的相互反応における持続的な欠陥があること。
B．行動、興味、または活動の限定された反復的な様式が二つ以上あること。
C．発達早期からAおよびBの症状が存在していること。
D．症状により社会生活や学業、就労など、日常生活に著しい困難さを引き起こしていること。
E．これらの障害が、知的障害または全般的発達遅滞では説明できないこと。

このように、自閉症スペクトラム障害は、「対人コミュニケーションの困難さ」と「反復的行動」の二つを特徴とし、発達早期からその症状が見られることで、日常生活に著しい困難を引き起こしている状態といえます。なお、文部科学省の定義では三つの要素に分けられていますが、こちらは『DSM-Ⅳ-TR』の診断基準に基づくものです。言語の発達の遅れにより「対人コミュニケーションの困難さ」

につながりますし、また、同じフレーズを繰り返し使用するなどの言語使用の特徴も「反復的行動」の一つとして見なすことができるため、『ＤＳＭ‐５』への改定で、大きく分けて二つの特徴をもつ障害として捉えられるようになりました。

さらに、先ほど自閉症スペクトラム障害の概念（図１）で説明しましたが、自閉症スペクトラム障害と知的障害を併せもつ場合があります。このような場合、社会的コミュニケーションが全般的な発達の水準から期待されるものより下回っていることが要件となります。つまり、知的障害をもつことにより示される「対人コミュニケーションの困難さ」と区別する必要があります。

このような知的障害をもつことを原因とする困難さと区別することや、どの程度の「困難さ」をもって「著しい」といえるかなどについては、実際に自閉症スペクトラム障害児者とかかわる経験や専門的な訓練を受けることなしに、判断することは大変危険です。近年ではインターネットやＳＮＳの発達とともに、自閉症スペクトラム障害をはじめとした発達障害についての情報が氾濫し、容易にアクセスできます。しかし、もしご自身やご家族がこれらの項目に該当するのではないかと心配になられる方は、インターネットでの情報を鵜《う》呑《の》みにせず、専門機関への受診や相談をおすすめします。

以上のように、自閉症スペクトラム障害は大きく二つの特徴を有する発達障害となります。そこで以下では、自閉症スペクトラム障害の二つの特徴を詳しく見ていきたいと思います。ただし、これらの特徴は個人差も大きく、同時に年齢や発達による差も見られます。本書は知的障害をもつ子どもの発達に焦点を当てることをコンセプトにしておりますので、ここでは知的障害を伴う自閉症スペクトラム障害児の発達早期の支援において理解が求められる障害特性に絞って説明していきたいと思います。

■愛着の形成における特有のプロセス

発達早期の支援において理解が必要となる「対人コミュニケーションの困難さ」として、本書では愛着行動の障害と共同注意の障害の2点を取り上げ、自閉症スペクトラム障害児の障害特性と支援における対応の基本について説明します。

愛着（アタッチメント）とは「人間が特定の個体との間に築く緊密な情緒的結びつき」と定義される他者との関係性を指します。母親に代表される主たる養育者との生後直後から行われるコミュニケーションを通じて、特別な心理的な結びつきが形成されていき、徐々に周囲の他者（父親、きょうだい、保育者）へと拡大していきます。愛着行動の典型的な例としては、生後7か月頃から見られはじめる「人見知り」という現象や、「分離不安」による後追い行動などをあげることができます。さらに、愛着理論の提唱者であるボゥルビィは、愛着は乳幼児期のみならず、個体が自律性を獲得したあとにおいても、生涯を通じて持続するものであると提唱しており、発達早期から形成される他者との関係性である愛着は、人間の発達に極めて大きな影響を及ぼすものであるとされています。

そして、このような他者との愛着関係の形成に障害をもつと考えられてきたのが、自閉症スペクトラム障害です。1943年にカナーにより「早期幼児自閉症」という名称で自閉症スペクトラム障害が初めて症例報告されました。カナーがその論文のなかで「人々との情緒的接触を通常の形で形成していく生得的な能力をもち合わせないで、この世に生まれてきた」と記述していることからもわかるように、自閉症スペクトラム障害の障害特性を他者とのかかわりがもてないことと捉えたため、症例報告以後、長らく愛着関係の形成にも障害をもつと考えられてきました。しかし、養育者との分離―再会場面などでの行動特徴から愛着の質を測定する「ストレンジ・シチュエーション法」が開発され、自閉症スペクトラム障害児を対象として実証的に愛着行動が測定され始めた１９８０年代になって、このような考え方は否定されるようになりました。

自閉症スペクトラム障害児を対象として「ストレンジ・シチュエーション法」を用いて愛着行動を測定したこれまでの研究の結果は、以下の2点に集約されます。1点目は、自閉症スペクトラム障害をもつ子どもも発達とともに、見知らぬ他者よりも養育者に対して接近行動をより多く示すことです。この結果から、自閉症スペクトラム障害児にも養育者との愛着関係が形成されることが明らかになりました。そして、2点目は、愛着行動が見られる自閉症スペクトラム障害児は、愛着行動が見られない子どもよりも言語能力などが高いというように愛着行動と他機能とに関連が見られることです。さらに、このような関連が知的障害児や定型発達児には見られず、自閉症スペクトラム障害児の愛着対象の形成には特有のプロセスをもつことが示されました。

別府哲さんは論文「話し言葉をもたない自閉性障害幼児における特定の相手の形成」（『教育心理学研究』第42巻、１９９４年）のなかで、自閉症スペクトラム障害児の愛着対象の形成プロセスとして、「密着的接近：母親のみに密着的に接近し他の人物の全面拒否を特徴とする時期」、「不安・不快な場面で求める関係：不安・不快な場面で愛着対象を求めることで不快から快の情動へ転換する時期」、そして「不安・不快な場面に立ち向かう安全基地としての役割：接近要求の強さが母親と保育者で同じレベルとなり、不安な場面に立ち向かう安全基地として愛着対象を利用できる時期」の三つの質的に異なる時期が存在することを指摘しています。

別府さんの指摘した愛着対象の形成プロセスやそれぞれの段階で見られる行動特徴については、拙稿（狗巻修司「自閉症幼児の保育者への愛着の形成過程――障害特性と集団活動への参加形態の発達的変化に着目して」『障害者問題研究』第38巻、２０１０年）でも確認され、知的障害を伴う自閉症スペクトラム障害児に共通する特徴であると推測できます。加えて、拙稿では愛着対象との関係で見られる三つの時期のそれぞれの間に移行期が存在すること、そしてこの移行期において、他児の存在や集団活動への参加に伴う葛藤が見られることが明らかとなりました。一つ目の段階から二つ目の段階へと移行する時期に見られる葛藤は、第2章で紹介したDくんの事例でも示したY先生への接近要求の出現と他児の存在による葛藤です。そして、二つ目の段階から三つ目の段階へと移行する際に見られた葛藤は、他児の遊びが気になって近づいてくるものの、先生に誘われると逃げてしまうといった、集団活動への参加に対する葛藤です。それぞれの移行期における葛藤を解消するなかで愛着対象との関係性を質的に変容させていくことが明らかになりました。この結果は、自閉症スペクトラム障害をもつ子どもに対して、早期から集団として機能する場に参加する機会を保障することの意義を示すといえるでしょう。

以上のことから、自閉症スペクトラム障害児は対人コミュニケーションの困難さを示し、愛着関係の形成が定型発達と同様には進まないものの、それは決して愛着関係を形成できないことを意味するのではなく、特有のプロセスを通じて形成していくといえます。そして、愛着関係を形成していくうえで、集団での活動へ参加することを通して生じる葛藤を乗り越えることが必要であり、発達早期から彼・彼女らに集団として機能する場面への参加を保障するはたらきかけや取り組みが重要な意味をもつといえ

表１　共同注意行動の形態による分類

共同注意の分類	特　徴
前共同注意	新生児期と大人に見られる原初的なかかわりであり、共同注意の基盤となるもの。新生児と大人とが相互に注意を向けあい、相互に関与し合う瞬間を共有する。
対面的共同注意	生後２か月～６か月に最も顕著に出現する。乳児と大人が視線をしっかり合わせた状態であり共同的注意の原型的形態。二者間の視線の接合点に自他以外の対象物を第三項として取り込まれることになる。
支持的共同注意	乳児と大人のいずれかが相手の視線を追跡して、同じ方向やそこに存在する対象物を注目する形で成立する。このタイプの共同注意は、大人と同じ方向や対象物に乳児が気がついているかどうかは不明である。
意図共有的共同注意	生後９か月～12か月頃より見られるようになる。乳児は大人と共有対象となる物や出来事との間で視線を調整するようになる。大人の目や顔をチェックする行動（大人の意図性の確認行動）が生起するなど、大人への注意の配分を明確に伴う。
シンボル共有的共同注意	生後15か月～18か月頃より見られるようになる。ある事象を異なる動作や音声により表現できるようになり、乳児は大人や対象物に注意を配分しながら、その対象物を表現するシンボルを大人と共有するようになる。

ます。

■「共同注意」の障害と発達支援

共同注意とは「乳児と大人といった複数の個体が、同一のモノや場所、そして出来事に注意を向ける現象」と定義されています。大藪泰さん（『共同注意――新生児から2歳6か月までの発達過程』川島書店、２００４年）によると、その形態から共同注意行動は表１に示す五つに分類されることを指摘しています。

このように、共同注意行動は乳児期前半からその原初的な形態が出現しており、乳児期を通して他の認知機能と関連しながら発達していきます。とくに、意図共有的共同注意が見られる生後9か月以降には、自ら指さしを産出して他者の注意を操作し始め、コミュニケーションの始発者として積極的に大人とコミュニケーションを取りたがるようになります。またこの時期には、社会的参照行動や、模倣行動、手渡し行動（ギビング）なども見られるようになり、それ以前までの他者とのやりとりとは質的に転換します。このような質的転換をトマセロは「９か月革命」と呼んでいます（『心とことばの起源を探る――文化と認知』勁草書房、２００６年）。さらに、やまだようこさんも、生後９か月頃に見られる「乳児―モノ―人」の関係性を三項関係と呼び、その重要性を同じく「革命的」ということばを用いて、次のように指摘しています。

意味のあることばが出はじめるのは、ふつう1歳前後だが、その少し前、生後9、10か月ごろに、乳児の生活全般にわたって革命的といってよいほどの大変化が起こる。（中略）

革命的というのは、個々一つひとつの行動について、○○ができるようになったという種類のものではなく、乳児の外界への興味のもちかた、認識のしかた、対象との関係のもちかたなど、根本的なところが変わるからである。しかも乳児は一度基本的なルールを身につけると、何にでも応用がきくかのように生活を根こそぎ変えてしまう。そのルールの一つを三項関係と呼ぶのである。

（やまだようこ『ことばの前のことば――ことばが生まれるすじみち1』新曜社、１９８７年）

さらに、共同注意は乳児期の発達にとって大きな影響をもっているだけではありません。大人同士のコミュニケーションであっても、話題を自分と他者とが共有できなければ、そもそも会話が成立しません。また、共同注意は学習場面でも重要となります。学校で先生が黒板に書いた内容や教科書の内容の「どこを」説明しているかわからなくなると、授業についていけない状態になります。読者の皆さんにもそのような経験が少なからずあるのではないでしょうか。このように、人間のコミュニケーションや学習の基盤となる共同注意が生後1年目の後半に出現し、それ以前までの生活から革命的な変化をもたらすのです。

このような「革命的」と表現される、発達の質的転換と関連する共同注意の獲得において、多くの自閉症スペクトラム障害をもつ子どもが困難を示します。これまでの研究では、自閉症スペクトラム障害児も、モノの取得を目的とする「要求の指さし」を産出し、この指さしの産出頻度には定型発達児や自閉症スペクトラム障害以外の障害児と差が見られないことが示されています。一方で、他者と注意を共有することを目的とする「叙述の指さし」の産出の遅れが顕著であり、産出頻度も他の子どもに比べると極めて少ないことが指摘されています。さらに、生後30か月の自閉症スペクトラム障害児、ダウン症児、そして、生後18か月と30か月の定型発達児の四つのグループを対象とし、共同注意を含むやりとりについて比較したアダムソンたちの研究から、以下の4点が明らかにされています。

1. 表1に示した「支持的共同注意」を含むやりとりは、自閉症スペクトラム障害児も他の三つのグループと同程度の割合で見られること。
2. 表1に示した「意図共有的共同注意」を含むやりとりが、自閉症スペクトラム障害児のグループで極端に少ないこと。
3. ふり遊びなど「イメージを共有する共同注意」を含むやりとりが、発達とともに自閉症スペクトラム障害児においても増加が見られること。

4．四つのグループともに、「支持的共同注意」の形態でイメージが共有される共同注意の成立が、1年後の言語発達と最も強く関連すること。

これらのことから、自閉症スペクトラム障害をもつ子どもは、共同注意のなかでも「意図共有的共同注意」の産出に大きな困難を有すること、すなわち、他者と注意を共有することを目的としたコミュニケーションを始発することに強い障害をもつといえます。一方で、他者とのやりとりのなかで、他者が自閉症スペクトラム障害をもつ子どもの注意を追跡する形で成立する「支持的共同注意」を含むやりとりは他のグループと同じくらい成立していることや、この形態での共同注意を含むやりとりにおいてイメージの共有が成立すること（例えば、視線を向けている人形を大人が操作して遊びを広げようとするかかわりを自閉症スペクトラム障害児が受け入れる場合など）がその後の言語発達と関連していることは、支援を検討するうえで三つの重要な意味をもつと考えられます。

1点目は、支持的共同注意が他のグループと差が見られないため、自閉症スペクトラム障害児への支援においても定型発達児同様に、子どもの興味関心に基づきはたらきかけることが重要な意味をもつ点です。近年では「障害特性に応じた」というフレーズとともに、障害をもつ子どもへのはたらきかけ方が、定型発達児へのはたらきかけ方とは異なる障害特有のものがあると過度に捉えられる傾向にないでしょうか。もちろん、そのような特性に応じた特有のはたらきかけ方はあるものの、それらはごく一部であり、多くが定型発達児とのやりとりでも大事にされている点と共通しています。

2点目は、自閉症スペクトラム障害において共同注意に障害が見られるものの、発達的に変化するなかでその行動が獲得され、高次化していくという点です。このことは、自閉症スペクトラム障害児の共同注意の障害は固定不変のものではなく、支援のなかで発達的に変化することが期待できることを意味します。

そして3点目は、共同注意への支援が言語発達や他の認知機能の発達を促す可能性がある点です。ウォーレンたちの研究では、4名の自閉症スペクトラム障害児（平均年齢4歳2か月、平均精神年齢1歳5か月）に対して、共同注意行動の獲得を目指した療育を実施し、療育参加前後における変化を調べています。その結果、参加した自閉症スペクトラム障害児4名ともに定型発達児グループと同水準の共同注意行動を示すようになり、それと関連して他者へのかかわりの始発、ポジティブな情動の表出、模倣スキル、そして、会話の始発にも増加が見られたことが明らかにされています。

以上のことから、自閉症スペクトラム障害児において、発達の質的転換と関連する共同注意に障害固有の特徴が見られるものの、それらは固定不変のものではなく、発達的に変化していくものであるといえます。すなわち、自閉症スペクトラム障害児の共同注意の障害は、支援によって他の認知機能の発達と関連しながら変化していく可能性をもつといえます。このことから、定型発達児にとって共同注意が発達に極めて重要な意味をもつことと同様に、自閉症スペクトラム障害児にとっても、共同注意が重要な意味をもつといえ、発達早期の支援では自閉症スペクトラム障害児との共同注意をいかに成立させていくかが目標の一つとなるといえるでしょう。

■もう一つの特性である「反復的行動」

自閉症スペクトラム障害の二つ目の特徴が、反復的行動と呼ばれる行動特徴です。「こだわり」と呼ばれるものもこの反復的行動に含まれる行動特徴となります。

反復的行動は自閉症スペクトラム障害の特性の一つにあげられているものの、対人コミュニケーションの困難さに比べると十分に研究されていない状況にありました。その理由として、反復的行動が実にさまざまな、そして特異的な行動を集約したものであることと、反復的行動が自閉症スペクトラム障害以外の障害児にも広く見られることがあげられます。さらに、1980年代半ばまでは、反復的行動は個人の感覚探究的行動を目的として生起するものであり、適応的側面をもたないものと捉えられていたからです。

反復的行動は、例えば興味の幅が狭い、特定の感触・感覚に没頭する、モノの配置や活動のルーティーンが強いなど、いわゆる「こだわり」として表現される行動から、自分の頭を床や壁にぶつける行動、自分自身の身体を叩いたり噛んだりする行動、他者を叩くことやモノを壊す行動、そして、飛び跳ねたり、手をひらひらとさせたりするなどのリズミカルな身体的動作までを含む、幅広い行動で構成されます。そして、どのような反復的行動を示すのかは個人差が大きく、自閉症スペクトラム障害をもつ子どもも全員にこれらの行動の全てが見られるわけではありません。同時にこれらの行動のうちいくつかは他の障害児にも見られることがあるため、反復的行動を自閉症スペクトラム障害とイコール関係で結びつけることはできません。

表2　日本語版反復的行動尺度修正版における反復的行動のサブカテゴリー

下位尺度名	定　義
常同行動下位尺度	同じようなやり方で反復される明らかに無目的な動きあるいは動作
自傷行動下位尺度	身体に赤み、打撲傷などの傷を引き起こす可能性があり、かつ同様のやり方で繰り返される動きあるいは動作
強迫的行動下位尺度	繰り返されたり、あるルールに従って行われる行動、あるいは、モノを“ぴったりその通り”に取り扱う行動
儀式的行動下位尺度	同様のやり方で日常生活の活動を行うこと
同一性保持行動下位尺度	変化への抵抗、モノが同じ状態であることへの要求
限局行動下位尺度	範囲の限定された対象、興味、行為

しかし、今日では反復的行動についての学術的検討も一定の前進が見られ、概念的整理が行われるなかで、他の障害児よりも自閉症スペクトラム障害児者において行動の生起頻度が高いことや、障害の程度が重度であること、そして、反復的行動のなかには複数の適応的側面をもつこと（例えば、他者の注意を引きつけることや、欲しいモノを得ようとする目的で反復的行動を生起させるなど）が明らかにされてきています。

これまでの研究から、自閉症スペクトラム障害児者に見られる反復的行動をいくつかのサブタイプに分けてアセスメントする枠組みが提示されています。その一つが「反復的行動尺度修正版（ＲＢＳ－Ｒ）」です。稲田尚子さんたちが「日本語版反復的行動尺度修正版（ＲＢＳ－Ｒ）の信頼性・妥当性に関する検討」（『発達心理学研究』第23巻、２０１２年）のなかで、尺度の信頼性と妥当性を確認しています。その「日本語版ＲＢＳ－Ｒ」では、表2に示した六つのサブカテゴリーを含む一連の行動を反復的行動としています。さらに、自閉症スペクトラム障害の反復的行動に関する研究結果を分析したターナーによると、反復的行動は「低次行動（ステレオタイプ的行動、モノの反復的操作、自傷行動など）」と「高次行動（モノに対する異常な愛着、反復的言語、制限された興味など）」の二つの水準に分類されることを指摘しています。そして、多くの研究から、「低次行動」は年齢や知能指数（Intelligence Quotient：ＩＱ）が低い場合に多く見られ、「高次行動」は年齢やＩＱが高い場合に多く見られることが指摘されています。

　また近年の研究から、さまざまなライフステージの自閉症スペクトラム障害児者の反復的行動を調査し、年齢や発達との関連についての研究も進められています。これらの研究から、年齢や発達とともに生起頻度が減少する傾向をもつものもあれば、年齢や発達とともに生起頻度が増加する傾向をもつものもあり、その関係はサブタイプによりさまざまであることが指摘されています。とくに、儀式的行動や同一性保持行動などは年齢や発達とともに生起頻度が増加することを示した研究が多く見られます。ただし、この点については研究間で結果が一致しておらず、今後の詳細な検討が待たれます。

　このようなサブタイプに分けて検討することは、「こだわり」と一括《ひとくく》りにされてきた自閉症スペクトラム障害児者の反復的行動の個人差を捉えるうえで重要となるだけでなく、それぞれのサブタイプに分けることで、行動が見られやすいライフステージや、他の認知機能との関連について詳細に検討することを可能にします。自閉症スペクトラム障害をもつ子どもへの支援では、時として「こだわり」ということばが乱用されているように感じます。そのため、ことばの使用者によってイメージしている「こだわり」に差異が見られるとともに、本来「こだわり」と呼ぶ必要がない行動まで「こだわり」とカテゴライズしてしまってはいないでしょうか。反復的行動をサブタイプに分けて検討することは、このような「人種のるつぼ」ならぬ「こだわりのるつぼ」となることを予防する意味でも重要となるように思われます。

　さらに、近年では自閉症スペクトラム障害児のきょうだいを対象として、発達早期から示される障害特性を明らかにすることを目的とした研究も盛んに行われています。現代の科学ではまだまだ未解明ですが、自閉症スペクトラム障害の発症には遺伝子が関与しており、年上のきょうだいが自閉症スペクトラム障害をもつ場合、年下のきょうだいも同じく自閉症スペクトラム障害の診断を受ける確率が高まることが示されています。そのため、年下のきょうだいが生まれた直後から調査の対象とすることで、のちの段階で自閉症スペクトラム障害の診断を受ける乳児と、そうでない乳児とを比較することが可能となります。そして、反復的行動についてもきょうだい児を対象とした研究が行われており、これらの研究の結果から、のちに自閉症スペクトラム障害の診断を受ける乳児は、そうでない乳児に比べ、生後1年目においてより多くの反復的行動を産出していることが明らかにされています。このことは、反復的行動が発達の早い段階から自閉症スペクトラム障害児に特徴的に見られており、障害の早期発見のための重要な指標の一つとなることを意味しているといえます。

このように、自閉症スペクトラム障害をもつ子どもの反復的行動をサブタイプに分け、その出現プロセスなどを詳細に検討していくことは、自閉症スペクトラム障害を理解するために重要な意味をもち、早期発見・対応といった実践上の意義もあります。しかし、反復的行動のみに焦点をあてて検討をすすめてしまうことはあまり生産的ではないように感じています。それは、反復的行動をもつことで、他者とうまくかかわれない状態につながり、そのことが「対人コミュニケーションの困難さ」につながることが多いと考えているからです。このような反復的行動と対人コミュニケーションの困難さとを関連させて捉える視点は、支援場面で「こだわり」への対応を考える際にも重要な視点となります。なぜなら、支援においては「こだわり」をネガティブな意味合いで使用することが多く、「こだわり」にカテゴライズされる行動を「問題行動」と見なし、「減らす・無くす・変容させる」ことが目的となる場合が多いからです。つまり、その「こだわり」を「減らすこと」や「無くすこと」が対人コミュニケーションの困難さの改善とどのように関連しうるのかという視点抜きに対応が行われると、単に行動上の変容を求めるだけの対応につながる危険性があるため、対応を検討する際には忘れずにいたい視点です。

《引用・参考文献》

Adamson, B.A., Bakeman, R., Deckner, D. F., & Romski, M. A. (2009). Joint engagement and the emergence of language in children with autism and down syndrome. Journal of Autism and Developmental disorders, 39.
別府哲「話し言葉をもたない自閉性障害幼児における特定の相手の形成」『教育心理学研究』第42巻、１９９４年
稲田尚子・黒田美保・小山智典・宇野洋太・井口英子・神尾陽子「日本語版反復的行動尺度修正版（ＲＢＳ‐Ｒ）の信頼性・妥当性に関する検討」『発達心理学研究』第23巻、２０１２年
狗巻修司「自閉症幼児の保育者への愛着の形成過程——障害特性と集団活動への参加形態の発達的変化に着目して」『障害者問題研究』第38巻、２０１０年
マイケル・トマセロ『心とことばの起源を探る——文化と認知』大堀壽夫・中澤恒子・西村義樹・本多啓訳、勁草書房、２００６年
文部科学省ＨＰ
(https://www.mext.go.jp/a_menu/shotou/tokubetu/mext_00807.html ２０２２年8月21日アクセス)
日本精神神経学会・日本語版用語監修『ＤＳＭ‐５精神疾患の診断・統計マニュアル』髙橋三郎・大野裕監訳、医学書院、２０１４年
大藪泰『共同注意——新生児から2歳6か月までの発達過程』川島書店、２００４年
Turner. M. (1999). Annotation: Repetitive behaviour in autism: A review of psychological research. Journal of child

Psychology and Psychiatry, 40.

Whalen, C., Schreibman, L., & Ingersoll, B. (2006). The collateral effects of joint attention training on social initiations, positive affect, imitation, and spontaneous speech for young children with autism. Journal of Autism and Developmental disorders, 36.

やまだようこ『ことばの前のことば——ことばが生まれるすじみち１』新曜社、１９８７年

第４章

知的障害の特性

■知的障害の定義と診断基準

前章では、自閉症スペクトラム障害をもつ子どものなかには、知的障害を伴う子どもから知的発達は標準かそれ以上の子どもまで幅広くいることを説明しました。それでは知的障害とはどのような障害なのでしょうか。ここからは本書で焦点を当てる知的障害について見ていきます。まず、文部科学省の定義と米国知的・発達障害協会の定義、そして医学的診断の基準を確認しましょう。

文部科学省は、知的障害について次のように定義しています。

知的障害とは、一般に、同年齢の子供と比べて、「認知や言語などにかかわる知的機能」が著しく劣り、「他人との意思の交換、日常生活や社会生活、安全、仕事、余暇利用などについての適応能力」も不十分であるので、特別な支援や配慮が必要な状態とされている。また、その状態は、環境的・社会的条件で変わり得る可能性があるといわれている。

（「文部科学省ＨＰ」教育支援資料）

次に、知的障害や発達障害に関わる専門団体であり、知的障害についてのマニュアルを継続的に出版している米国知的・発達障害協会（American Association on Intellectual and Developmental Disabilities: ＡＡＩＤＤ）は、診断マニュアル『知的障害――定義、分類および支援体系・第11版』（太田俊己ら訳、日本発達障害福祉連盟、２０１２年）において、知的障害を次のように定義しています。

知的障害は、知的機能と適応行動（概念的、社会的および実用的な適応スキルによって表される）の双方の明らかな制約によって特徴づけられる能力障害である。この能力障害は18歳までに生じる。

（2021年にAAIDDが発表した第12版では「22歳までに生じる」と変更）

この定義は次の五つを前提としています。

1. 今ある機能の制約は、その人と同年齢の仲間や文化に典型的な地域社会の状況の中で考慮されなければならない。
2. アセスメントが妥当であるためには、コミュニケーション、感覚、運動および行動要因の差はもちろんのこと、文化的、言語的な多様性を考慮しなければならない。
3. 個人の中には、制約と強さが共存していることが多い。
4. 制約を記述する重要な目的は、必要とされる支援のプロフィールを作り出すことである。
5. 長期にわたる適切な個別支援によって、知的障害がある人の生活機能は全般的に改善するであろう。

この前提で示されていることは、その人の機能についての理解は、能力によって分離された環境ではなく、同年齢の人々と生活を共にする通常の地域社会の環境（家庭、近隣、学校、職場など）において行われるべきであること（前提1）、妥当な評価を行うためには、個人の多様性とその人固有の表現や行動などを考慮する必要があること（前提2）、知的障害をもつ人は、制約されていることがあるとともにうまくできることもあるということ（前提3）、知的障害となる状態を表す目的は、その人の制約を分析するだけではなく、その人が必要とする具体的な支援を考えるためであること（前提4）、そして、適切な個別支援が行われることによって、生活機能が改善される、つまり、生活の質が高まるということ（前提5）です。

さらに、第3章で紹介した米国精神医学会（APA）の診断マニュアル第5版『DSM-5 精神疾患の診断・統計マニュアル』（2014年）では、以下の三つの基準を満たすときに「知的能力障害」と診断されます。項目の内容を要約して記述します。

A．臨床的評価および個別化、標準化された知能検査によって確かめられる知的機能の欠陥がある。
B．個人の自立や社会的責任において発達的および社会文化的な水準を満たすことができなくなるという適応機能の欠陥がある。
C．知的および適応の欠陥は、発達期の間に発症する。

このように、知的障害は「知的機能の制約」と「適応機能の制約」の二つを特徴とする障害であると言えます。知的機能については、知能という用語を用いた方がわかりやすいかもしれません。知能とは、推論、計画、問題解決、抽象的思考などを含む全般的な知的能力のことです。知的機能の制約とは、全般的な知能の発達に遅れがあるということです。また、適応機能とは、読み書き、対人的なコミュニケーションのスキル、自分の身の回りの世話など、毎日の生活のなかで学習して行っている総合的なスキルのことです。適応機能の制約とは、日常生活の出来事にうまく対処することが難しいということです。知的機能と適応機能についてはのちほど詳しく見ていきます。

■知的障害をどのように捉えるか

知的障害について理解するときに大事なことは、知的障害を個人の知的発達の程度だけで捉えるのではなく、日常生活における適応機能とも合わせて捉えるということです。ＡＡＩＤＤは知的障害についてのマニュアルを通してそれぞれの時代の理解を反映させた情報を提供してきました。そのなかではいくつかの大きな変化も見られました。その一つは、第９版（１９９２年）において、知的障害を個人にそなわった特性としてではなく、知的機能に制約がある人と環境との相互作用のなかで表れる制約として理解しようとしたことです。このことについて第11版のマニュアルでは「人としての働きの概念的枠組み」が示されています（図1）。

「人としての働きの概念的枠組み」は主として二つの要素で構成されています。一つは、人としての働きに影響を及ぼす五つの次元（知的能力、適応行動、健康、参加、状況）です。「健康」は精神的健康と身体的健康の状態、「参加」は人生の主要活動に参加する機会、「状況」は日常生活を営む状況を意味しています。もう一つは、五つの次元が人としての働きに影響するときに重要な役割を果たす「支援」

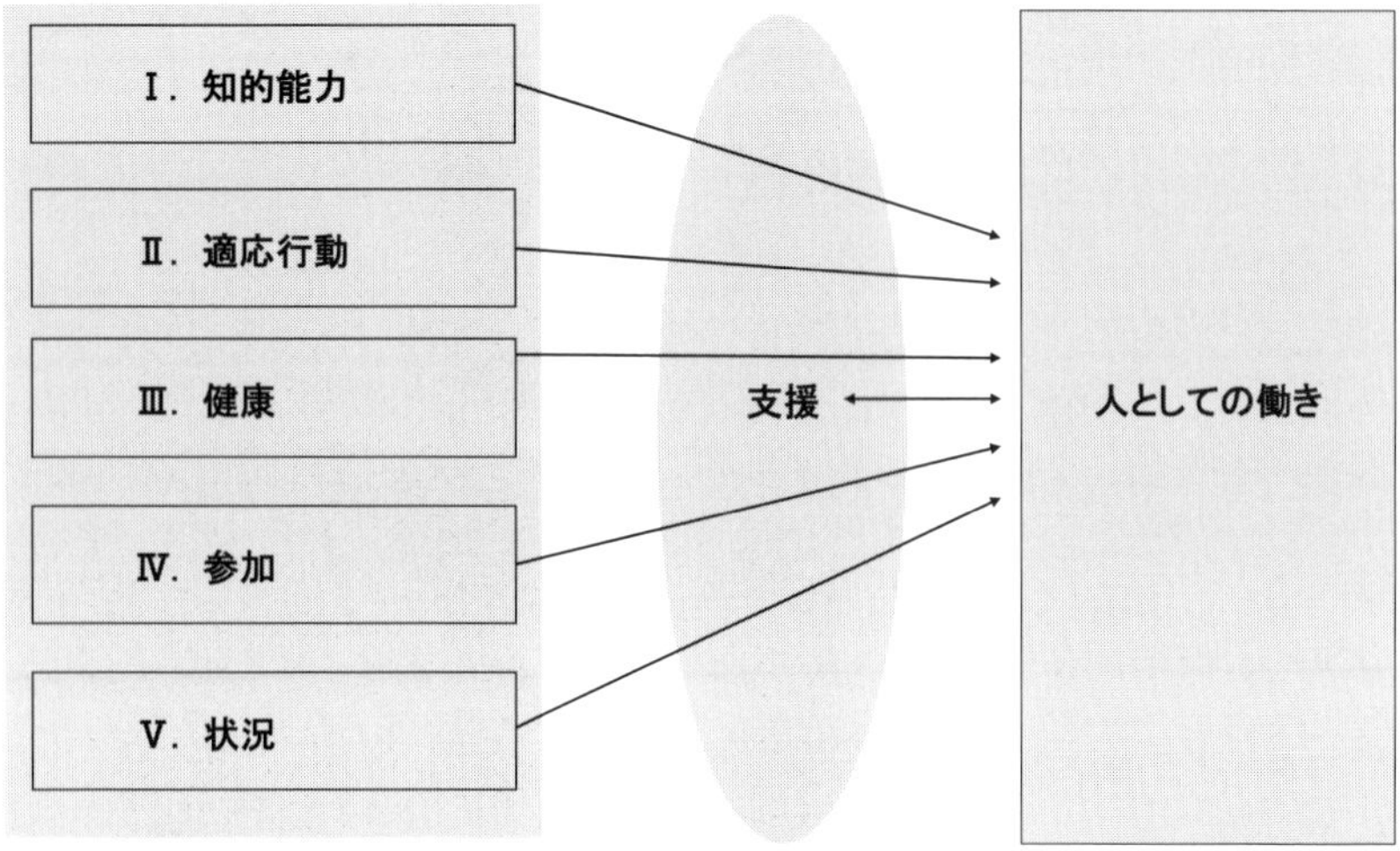

図１　『知的障害――定義、分類および支援体系・第11版』における人としての働きの概念的枠組み

です。このような枠組みで人としての働きを捉えることで、知的障害の発現が五つの次元と個別支援の間に相互に影響を及ぼすことが理解できるとしています。概念的枠組みの図からもわかるように、人としての働きは個別の支援によって高められます。知的障害は人としての働きが制約されている状態であり、その働きを高めるうえで個別支援が重要な役割を果たすのです。

なお、本書の第2章では、ＩＣＦにおける障害の捉え方を紹介しました。ＡＡＩＤＤの診断マニュアル『知的障害』では、「人としての働きの概念的枠組み」はＩＣＦと矛盾しないことも述べられています。「人としての働き」という用語は、生活上の全ての活動を含む包括的な用語であり、ＩＣＦにおける「心身機能・構造」「活動」「参加」を網羅しています。

知的発達が遅れている場合には適応行動も困難になる傾向はありますが、知的発達の程度が同じだからといって適応機能も同じであるとは限りません。以前は検査で測定された知能指数（ＩＱ）の数値に基づいて知的障害の重症度が分類されていましたが、ＡＰＡの診断マニュアル『ＤＳＭ－５』では、その人に必要とされる支援のレベルを決めるのは適応機能であるとされ、適応機能の３領域（概念的領域、社会的領域、実用的領域）の実態に基づいて、知的障害の重症度が軽度、中等度、重度、最重度に分類されています。またＡＡＩＤＤのマニュアル第12版では、知的障害の分類について、支援ニーズの強度、適応行動における制約の程度、知的機能における制約の程度に基づく分類が設けられたうえで、支援ニーズの強度に基づく分類がまず推奨されています。

ところで、知的機能と適応機能に制約がある状態、と聞いて認知症を思い浮かべた方がいるかもしれません。認知症は、一度獲得された知的機能が後天的な機能障害によって低下し、日常生活に支障が生じている状態とされていますので、発達期に発症する知的障害とは区別されます。知的障害をもつ方がのちに認知症を発症することもあります。

知的障害とは機能が制約された状態であり、その人を取り巻く環境や社会の変化によって、個別の支援によって、そしてもちろんその人の発達によって、その状態は変化するものであるということを理解しておくことが大切だと考えます。

■知的機能とは

ここからは知的障害の診断基準に含まれる概念である知的機能（知能）について見ていきます。とは言っても、知能とはこういうものです、と説明することは簡単ではありません。なぜなら、現時点で知能について一致した定義はないからです。ここでは知能の構造についての三つの考え方を紹介します。

1．**単一次元**　知能を単一の次元で捉える考え方です。スピアマンは、知的な活動を行うときに共通して働くものを「一般因子（g因子）」、個々の活動に固有に働くものを「特殊因子（s因子）」とし、知能はこれら二つの因子から構成されると考えました。知的活動の遂行において一般因子の占める割合は特殊因子のそれよりも大きく、一般因子が知能の本質的なものであるとしました。

2．**階層的構造**　知能は階層的な構造をもち、一般知能（g因子）の下に部分的な領域に関する能力があるとする考え方です。キャロルは知能を三つの異なる層に分類し、一般知能（第3層）は、いくつかの幅広い知能領域（第2層）から構成され、その下にはより特異な能力（第1層）があるというモデルを示しました。

3．**多重知能**　1と2の理論はいずれも知能を単一のまとまりとして捉えていますが（一般知能）、この概念的な枠組みを批判し、知能を複数の種類に分ける考え方もあります。ガードナーが提唱した理論では、知能は8種類に分けられ、そのなかには従来の知能理論では扱われなかった音楽的知能、身体運動的知能、対人的知能などが含まれました。

現在は知能を単一の次元で捉える考え方（1と2）が広く支持されています。日本で広く用いられる知能検査の一つである田中ビネー知能検査Vは一般知能の測定を目的とした検査です。また、同じく広

表１　WISC−Ⅳ知能検査の内容

指標	下位検査	
言語理解指標	類似	推理、理解、および概念化を用いる言語能力を評価する下位検査
	単語	
	理解	
	知識*	
	語の推理*	
知覚推理指標	積木模様	知覚推理および知覚統合を評価する下位検査
	絵の概念	
	行列推理	
	絵の完成*	
ワーキングメモリ指標	数唱	注意、集中、およびワーキングメモリを評価する下位検査
	語音整列	
	算数*	
処理速度指標	符号	認知処理および描写処理の速度を評価する下位検査
	記号探し	
	絵の抹消*	

＊補助検査

く用いられているウェクスラー式知能検査のうち児童用のＷＩＳＣ－Ⅳ知能検査（ウェクスラー児童用知能検査第４版）は、一般知能とともに、一般知能を構成する特定の認知領域の知的機能を測定することができます。ＷＩＳＣ－Ⅳは、15の下位検査からなり、それらの評価点から特定の認知領域の知的機能を表す四つの指標得点（言語理解指標、知覚推理指標、ワーキングメモリ指標、処理速度指標）と、全般的な知能を表す全検査ＩＱ（ＦＳＩＱ）を算出します（表１）。ただし、この四つの指標は知能を構成する全体の一部を反映しているにすぎません。ウェクスラーは知能を「目的的に行動し、合理的に思考し、能率的に環境を処理する個人の総合的・全体的能力」と定義しており、知能検査で測定している認知能力とは別の属性群（例えばプランニング、目標の意識、熱意など）が知的行動に影響していると考えていました。

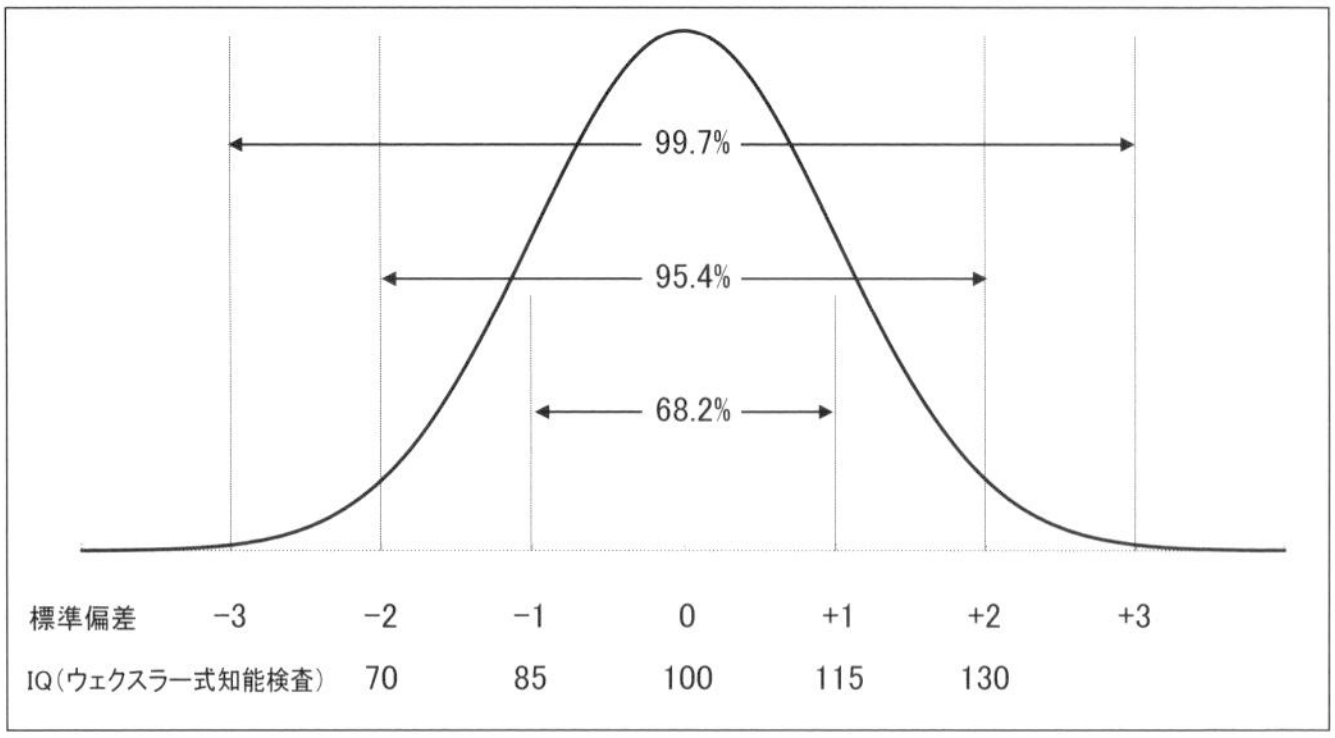

図２　知能指数の分布

知能検査の結果を表す方法の一つが知能指数（ＩＱ）です。ＩＱは数値で示され、知能が高いほど数値は大きくなり、逆に知能が低いほど数値は小さくなります。現在、多くの知能検査で算出される知能指数は同年齢の集団における相対的な値を示すものであり、統計学的に正規分布を示すことを前提としています。正規分布においては、平均値からプラスマイナス１標準偏差の範囲の中に全体の約68％、平均値からプラスマイナス２標準偏差の範囲の中に全体の約95％が含まれます（図２）。

現在は知能を単一の次元で捉える考え方が広く支持されていることから、知的障害を診断するときの知的機能の評価は、標準化された適切な検査を個別に実施したときに得られる全般的な（一般知能の）ＩＱを用いて行われ、測定されたＩＱが平均からどのくらい隔たっているかによって判断されます。『ＤＳＭ－５』では、知的障害の知的機能について、「知的能力障害をもつ人は、測定誤差（一般的に＋５点）の余白を含めて、その母平均よりも約２標準偏差またはそれ以下である」としています。すでに紹介したウェクスラー式知能検査は、１標準偏差を15、平均を１００としているため、２標準偏差より低いＩＱ70（測定誤差を含めると65～75）以下が、知的機能に制約があるとされる得点になります。

■適応機能とは

次に、知的機能と同様に知的障害の診断基準に含まれる概念である適応機能について見ていきます。AAIDDでは適応行動という用語が使用されています。『知的障害』において、適応行動は複数の領域から構成される概念であるとされ、「日常生活において人々が学習し、発揮する概念的、社会的および実用的なスキルの集合である」と定義されています。概念的スキル、社会的スキル、実用的スキルのそれぞれに含まれるものを表2に示します。適応行動の概念は、次の三つの重要なポイントとなります。

a．適応行動のアセスメントは、その人の通常の（最大ではない）実行能力に基づいている。
b．適応スキルの制約は強さと共存していることが多い。
c．適応スキルにおけるその人の強さと制約は、同年齢の仲間に典型的な地域社会と文化の状況の中で検討され、その人の個別支援ニーズに結びつかなければならない。

適応機能を評価するための検査には、ヴァインランドⅡ（Vineland-II）適応行動尺度やS－M社会生活能力検査第3版などがあります。ヴァインランドⅡ適応行動尺度は、「個人的、または社会的充足に必要な日常活動の能力」とされる適応行動を評価する検査であり、四つの適応行動領域と不適応行動領域（オプショナル）から構成されています。四つの適応行動領域とはコミュニケーション、日常生活ス

表2　『知的障害――定義、分類および支援体系・第11版』における適応行動を構成する各スキルの内容

概念的スキル	言語（読み書き）、金銭、時間および数の概念
社会的スキル	対人的スキル、社会的責任、自尊心、騙されやすさ、無邪気さ（用心深さ）、規則／法律を守る、被害者にならないようにする、および社会的問題を解決する
実用的スキル	日常生活の活動（身の回りの世話）、職業スキル、金銭の使用、安全、ヘルスケア、移動／交通機関、予定／ルーチン、電話の使用

表3　ヴァインランドⅡ適応行動尺度の内容

	領域	下位領域
適応行動領域	コミュニケーション	受容言語
		表出言語
		読み書き
	日常生活スキル	身辺自立
		家事
		地域生活
	社会性	対人関係
		遊びと余暇
		コーピングスキル
	運動スキル	粗大運動
		微細運動
不適応行動領域（オプショナル）	不適応行動指標	
	不適応行動重要事項	

キル、社会性、運動スキルであり、各領域の下に下位領域が設定されています（表3）。不適応行動領域では対象者の社会生活に関して問題となるような行動が測定されます。評価可能な年齢範囲は0～92歳ですが、いくつかの領域では対象年齢の制限が設けられています。また、S－M社会生活能力検査第3版は、乳幼児～中学生の子どもの社会生活能力（自立と社会参加に必要な生活への適応能力）を測定する検査です。「身辺自立」「移動」「作業」「コミュニケーション」「集団参加」「自己統制」の6領域が設定されています。

『知的障害』において、適応行動の評価は、その人の想定される能力や最大限の実行能力ではなく通常の実行能力に焦点を当てて行う、つまり、その人ができること、またかつてできたことではなく、通常していることを評価するとされています。そして、適応行動を評価する検査の回答者は、対象者と親しく、一定期間つきあいがあり、地域社会のなかでその人の行動を観察する機会がある人でなければならないとしています。ヴァインランドⅡ適応行動尺度とS―M社会生活能力検査第3版においても、回答者は対象者の日常の様子をよく知っている者（保護者や支援者、担任教師など）とされています。

なお、『知的障害』では、不適応に見える行動が実はその人の要求を伝えていることがあり、場合によってはそれらの行動を「適応的」と見なすことがあると説明されています。例として、重度の障害のある人が一般的には望ましくないとされる行動をとる場合、その行動の多くは環境の条件に対する反応であり、他に自分の意思を伝える方法がないために生じていることをあげています。

■知的障害はなぜ発生するのか

ここまで知的障害の定義と診断基準、それらに関わる事項について見てきました。それでは知的障害はなぜ生じるのでしょうか。知的障害という状態が生じる原因は一つではなく、さまざまな要因が相互に影響しています。原因が明らかではない場合も少なくありません。ここでは知的障害が生じる要因となるものについて見ていきます。

知的障害の発生要因は、病理的要因、生理的要因、心理社会的要因の三つに分けて考えられています。

1. **病理的要因**　病理的要因には、出生前の要因（染色体異常や単一の遺伝子疾患などの先天的な要因）、周産期（妊娠22週から出生後7日間未満までの出産前後の期間）の要因（胎児の低栄養、分娩時の外傷、仮死、低出生体重など）、出生後の要因（頭部外傷や脳感染症などの後天的な要因）があります。このような病因によって知的障害が引き起こされます。

2. **生理的要因**　知的障害を引き起こすような疾患はなくてものちに知的障害をもつことがわかる場合もあります。原因が明確にはわからない知的障害です。この場合の知的障害は複数の遺伝子が関わって発現したと推測され、生理的要因と説明されます。

3. **心理社会的要因**　養育者の虐待や育児放棄、養育環境の不適切さ、家庭の貧困などが子どもの発育に影響を及ぼして知的障害を引き起こすこともあります。これらは心理社会的要因とされます。

このように知的障害の発生要因は三つに分けて考えられていますが、いずれか一つのみが知的障害を成立させるとは限りません。例えば、染色体異常（病理的要因）による知的障害をもつ子どもの養育環境が悪ければ（心理社会的要因）、その子どもの知的障害はより重度になる可能性があります。逆に、早期からの支援や現在行われている支援によって、知的機能や適応機能が高められることもあります。

ＡＡＩＤＤのマニュアル第12版では、生物医学的、心理教育的、社会文化的、公正性という四つの観点から知的障害に関与する危険因子を明らかにし、それらが互いに影響しながら知的障害を作り出しているという包括的な枠組みで知的障害の状態を捉えることを提唱しています。勝二博亮さんの『知的障害児の心理・生理・病理――エビデンスに基づく特別支援教育のために』（北大路書房、２０２２年）によると、生物医学的観点から見た危険因子は、遺伝疾患や低出生体重など、知的障害が引き起こされる生物学的な問題です。心理教育的観点から見た危険因子は、養育拒否や虐待などの親の行動に関わる問題、親への教育の欠如や社会福祉による支援情報の欠如など、教育的な支援の活用に関わる問題です。社会文化的観点から見た危険因子は、貧困や健診の未実施など、人とそのまわりにある社会との相互作用のなかで生じる問題です。そして、公正性の観点から見た危険因子は、社会的不平等や差別などのように、障害があることを理由として権利や利益が侵害される問題です。

知的障害を理解するときには、これら四つの観点から評価を行うことが大切であるとされています。例えば、知的障害を伴うことが多いダウン症候群は染色体異常によって引き起こされるため、知的障害の要因としては病理的要因に分類されます。つまり、生物医学的観点から見た危険因子の影響が大きい状態であると言えますが、その他の危険因子が全く関与しないことを意味しているわけではありません。したがって、知的障害という状態について多面的な評価を行ったうえで、危険因子を取り除くことが必要になります。そのためには、家庭や医療、福祉、学校などが連携して支援を行うことが大切です。

■ダウン症候群の特徴

最後に、知的障害を伴う疾患の例としてダウン症候群（ダウン症）を取り上げます。ダウン症は染色体異常によって引き起こされる疾患の一つで、その多くは知的障害を伴います。病理的要因による知的障害であると言えます。ただし、全てのダウン症が知的障害を伴うわけではなく、平均的な知能を有するダウン症の方もいます。

染色体異常とは、染色体の数や構造に異常があることです。私たちヒトの染色体は常染色体22対と性染色体一対の計23対46本ですが、このうち21番染色体が1本過剰になり3本（トリソミー）となることで発症する疾患がダウン症です。染色体異常の型から、標準型（トリソミー型）、モザイク型、転座型、その他の型の4種類に分類されます。なお、近年、ダウン症に伴うほとんどの症状の発現には、21番染色体全体の過剰が必須ではなく、21番染色体の一部の過剰だけで引き起こされることが明らかになっています。染色体異常があると出生前に亡くなってしまうことが多く、生きて生まれた染色体異常のある子どものなかで最も多い疾患がダウン症です。

諏訪まゆみさんの『ダウン症のすべて 改訂2版』（中外医学社、2021年）によると、ダウン症は、特徴的な顔貌、指掌紋の特徴、筋緊張低下、心奇形などがきっかけとなって気づかれることが多いようです。診断上は顔貌・指掌紋がより重要で、これらが典型的であれば診断は臨床的にほぼ確定できるとされています。確定診断には染色体分析が行われます。

顔貌・指掌紋は生活をするうえで大きな障害とならないため治療の対象にはなりませんが、それ以外に、生命や生活に大きな影響を与え治療や支援の対象となる合併症が複数あります。その一つが知的障害です。本人とその家族に長期的に最も大きな影響を与え続けるという意味で重要な合併症とされています。その他の合併症には、易感染性、先天性心奇形、先天性消化器奇形、血液疾患、内分泌代謝疾患、神経疾患、整形外科疾患、眼科疾患、耳鼻咽喉科疾患、急激退行（以前と比べて動作がゆっくりになる、会話・発語が減る、閉じこもるようになる、睡眠障害が生じるなど、日常生活能力が比較的短期間に低下する退行様症状が見られる）があります。

ダウン症の発育・発達には次のような特徴が見られます。

1．**身体発育**　身長、体重ともに一般より小さめです。幼児期後半から肥満傾向が出現します。

2．**運動**　とくに乳幼児期は筋力、筋緊張が低いために早期の運動発達は遅れますが、筋力、筋緊張は年齢とともに改善します。学童期以降、日常生活レベルの運動はほぼ可能になりますが、成人期でも筋力は一般平均よりは弱いです。一般的な傾向として粗大運動より手の微細運動に苦手さがあります。

3．**視覚・聴覚**　知的障害児は視機能に何らかの問題がある割合が高く、そのなかでもとくに屈折異常（近視、遠視、乱視）が多いです。聴覚機能の問題に関しては難聴が多いです。知的障害児の視覚・聴覚情報の認知能力を評価するときには、視機能や聴覚機能も含めて検討する必要があります。ダウン症については、聴覚情報の処理が苦手であり、言語的課題または聴覚的課題よりも視覚的課題が得意であることが多いです。

4．**記憶**　知的障害児の記憶については、短期記憶やワーキングメモリの容量に制約があります。ワーキングメモリとは、目標の遂行のために必要な情報を一時的に保持しながら処理を進める記憶の機能のことです。知的障害児の短期記憶に関しては、文字のような抽象的刺激よりも具体的でイメージしやすい絵刺激の方が短期記憶として保持されやすく、長期記憶に一度移された情報は比較的安定して保たれます。ダウン症のワーキングメモリについては、言語などの聴覚的な情報の保持を担う音韻性ワーキングメモリに制約があるとされています。

5．言語　ダウン症の言語については全体として遅れが見られますが個人差が大きいです。発音の不明瞭さ、ことばの理解に比べて表出がより困難で伝達内容を適切に表せないなどの問題がありま す。表出に困難さが生じる要因としては、知的障害、構音障害、聴覚障害、言語性記憶の弱さなどが考えられています。構音障害とは、話し方がぎこちなくなる、不明瞭になるなど、適切な発音ができない状態のことを言います。主な原因には、唇や舌などの形態に異常があること、脳や神経の病気によって唇や舌などの筋肉を動かす指令がうまく働かないこと、難聴によって手本となる発音や自分の発音を聞き取ることができずに正しい発音を学習できないことなどがありま す。知的障害のなかでもとくにダウン症は構音障害が生じる頻度が高く、その理由として、筋低緊張や口腔周辺の協調運動障害、脳の働きの問題が関わっていることが指摘されています。

6．社会性　ダウン症児の性格行動特性として、人懐こく、陽気で、社交的である一方、頑固でこだわりがあることが知られています。また、知能に比べて適応行動の良さが見られます。

知的障害は、知的機能と適応機能が制約されている状態を示すものなので、特定の疾患を示しているわけではありません。すでに紹介したように知的障害の要因となるものはさまざまにあり、病理的要因もさまざまにあります。知的障害児者を対象とした研究から知的障害の全体的な特徴について明らかにされている一方で、病理的要因となる疾患による違いも示されています。例えば、ダウン症と同じように染色体異常によって引き起こされるウィリアムズ症候群（7番染色体の部分欠失によって生じる）も知的障害を伴いますが、その認知特性はダウン症とは異なっており、視空間認知能力が低いという特徴が知られています。

病理的要因を主とする知的障害の場合、要因となる疾患について知ることは、身体面でのリスクだけではなく心理面の困難さについて（現在だけではなくその先で生じるかもしれないものも含めて）も理解することにつながり、それらを考慮した支援を行うことが可能になります。例えば、ダウン症では筋低緊張が構音に影響を及ぼすことでことばの表出やことばでのコミュニケーションに難しさが生じるといったように、その疾患の身体的な特徴が知的機能・適応機能を制約する可能性もあるということを知っておく必要があります。一方で、「ダウン症はこうだから」という枠にとらわれすぎてしまうと、一人ひとりの子どもについて見逃すことが多くなってしまうと思います。同じダウン症でも一人ひとり違いますし、知的障害という状態を成立させている要因もさまざまです。

知的障害の状態は、その人と環境との相互作用のなかで変化していくものです。ダウン症、知的障害に限らず、障害の特性について理解することと、一人ひとりをその人を取り巻く環境・社会のなかで個別に理解することの両方が大切であり、そのバランスを取ることが支援においては（難しいけれども）重要なことではないかと考えます。

《引用・参考文献》

平田正吾・奥住秀之「知的障害概念についてのノート（1）——近年における定義の変化について」『東京学芸大学教育

実践研究』第18集、２０２２年
文部科学省HP：教育支援資料
（https://www.mext.go.jp/a_menu/shotou/tokubetu/material/1340250.htm ２０２２年9月1日アクセス）
日本版ＷＩＳＣ-Ⅳ刊行委員会『日本版ＷＩＳＣ—Ⅳ知能検査　理論・解釈マニュアル』日本文化科学社、２０１０年
日本文化科学社ＨＰ：Ｓ—Ｍ社会生活能力検査 第３版
（https://www.nichibun.co.jp/seek/kensa/sm3.html　２０２２年9月３日アクセス）
日本文化科学社ＨＰ：Vineland-II適応行動尺度
（https://www.nichibun.co.jp/seek/kensa/vineland2.html　２０２２年9月３日アクセス）
日本精神神経学会・日本語版用語監修『ＤＳＭ-５精神疾患の診断・統計マニュアル』髙橋三郎・大野裕監訳、医学書院、２０１４年
日本発達障害福祉連盟『知的障害——定義、分類および支援体系・第11版』太田俊己・金子健・原仁・湯汲英史・沼田千妤子訳、２０１２年
Schalock, R. L., Luckasson, R., & Tassé, M. J.『Intellectual Disability: Definition, Diagnosis, Classification, and Systems of Supports, 12th Edition』American Association on Intellectual and Developmental Disabilities, ２０２１年
勝二博亮『知的障害児の心理・生理・病理——エビデンスに基づく特別支援教育のために』北大路書房、２０２２年
諏訪まゆみ『ダウン症のすべて 改訂2版』中外医学社、２０２１年
田研出版ＨＰ：田中ビネー知能検査Ｖ
（http://www.taken.co.jp/vinv.html　２０２２年9月2日アクセス）

第5章

支援のなかで障害特性を捉える

■支援のなかで見られる障害特性

第3章で述べた通り、知的障害を伴う自閉症スペクトラム障害児は共同注意行動に困難を示します。しかし同時に、棚に置かれた遊びたいおもちゃを指さすなど、発達とともに指さしを用いたコミュニケーションを獲得することや、大人が子どもの注意にあわせる形で成立する共同注意（支持的共同注意）においては他のグループと差が見られないこと、そして、共同注意行動の獲得が進むとともに、他の認知機能の発達も促されることも明らかにされています。

そこで本章では、知的障害を伴う自閉症スペクトラム障害児が、他者の指さしを理解し、その後自ら使用するようになるプロセスと、そのプロセスにおける他者とのやりとりの変化について、実際の二つの事例からその詳細を見ていきたいと思います。

――Aちゃんのケース

一つ目の事例は、筆者が大学院生の頃に出会った自閉症スペクトラム障害をもつAちゃんの事例です。Aちゃんが療育施設に通園を始めた直後である2歳10か月から就学直前の6歳2か月までの3年4か月のあいだ、週に1回程度の頻度で観察をさせてもらいました。Aちゃんは知的障害も併せもち、観察期間に実施した発達検査（新版K式発達検査２００１）の結果、2歳10か月時点では全領域の発達年齢が1歳1か月、4歳11か月時点では1歳8か月でした。また、観察期間中に有意味語の産出は見られず、保育者とのやりとりも成立しにくいという特徴をもっていました。

Aちゃんに見られた他者の指さしの理解と、Aちゃん自身の指さしの産出により、観察期間を三つの時期に分割しました。具体的には、Ⅰ期（2歳10か月〜3歳4か月）が「指さし理解・産出なし」、Ⅱ期（3歳9か月〜4歳5か月）が「指さし理解あり・産出なし」、そしてⅢ期（4歳11か月〜5歳5か月）が「指さし理解・産出あり」となります。そして、これらの時期における保育者との相互交渉の特徴について検討しました（狗巻修司「保育者のはたらきかけと自閉症幼児の反応の縦断的検討——共同注意の発達との関連から」『発達心理学研究』第24巻、2013年）。拙稿では、保育者のはたらきかけ方によってAちゃんの反応に差が見られることや、それぞれの時期によりAちゃんの反応を引き出しやすいはたらきかけ方が少し異なることを明らかにしています。

本書では、三つの時期におけるAちゃんと保育者や他児とのやりとりや、集団活動への参加における特徴をエピソードで示しつつ、支援のなかで必要となる基本的な視点について説明します。

■指さしへの応答が見られない時期

Ⅰ期のAちゃんと保育者とのやりとりでは、保育者はおもちゃなどモノを使用してはたらきかけることが他の時期よりも多いこと、加えてAちゃんは保育者のはたらきかけに対して明確な反応を示さないことが多いことを特徴としました。この時期に見られた特徴的なやりとりが、以下の二つのエピソードです。

【エピソード1：共同注意未成立の場面】

プレイルームでの運動遊びには参加せず、Aちゃんは座卓を使った滑り台のうえに一人で座り、ゴム製のボールを口に入れて両手で引っ張る感覚的な遊びに没頭している。途中、他児の様子を見ることもあるものの、すぐに視線は手元のボールに戻る。B先生がAちゃんに近づき声をかけるが明確な応答は見られない。その後、F先生が「Aちゃん、お友達きたよ」といって別のゴム製のボールをAちゃんに提示する。提示されたボールに視線を向けると右手を伸ばして受け取るが、先生の顔に視線を向けることはない。しばらく両手に1個ずつボールを持って口に入れて引っ張ることを繰り返す。F先生がペットボトルをつなげたトンネル状のおもちゃを持って再びAちゃんに近づき、Aちゃんが手放していたボールを手に持って「おうちに帰っていくわ」といってトンネルのなかにボールを入れる。すると、トンネルとF先生には視線を向けずトンネルから左手でボールを取り出す。すぐにF先生も「おうちに、おうちに帰るよ」と声をかけるが、明確な反応がない。次にB先生が踏むと音の出るマットをAちゃんに提示しながら音を出す。しかしマットやB先生には視線を向けず、ボールを口に入れ引っ張る遊びを繰り返す。B先生が2～3回、マットの音を出すと、Aちゃんが立ち上がりその場から逃げるように立ち去り、部屋の隅に行ってボールを口に入れては引っ張る遊びを続ける。

（2歳11か月　プレイルームでの運動遊び）

【エピソード2：共同注意成立の場面】

プレイルームでの運動遊びには参加しないものの、トランポリンに興味をもって近づいていき、跳躍面を手で触る。それに気がついたN先生がAちゃんの隣に座り、同じように跳躍面を押すように触る。そこにU先生がボールプールのボールを投げ込んでくる。他児がトランポリンを飛ぶのでボールがトランポリンの上で跳ねる様子をじっと見つめている。その後、N先生が「うさぎがピョン」を歌いながらリズムにあわせてトランポリンを叩き続ける。歌が終わってN先生が叩くのをやめると、N先生の手に視線を向けながらN先生の手を持ち上げて、トランポリンを叩くように要求する。その後、N先生が歌いながら跳躍面を叩くことを続ける。しばらくすると、Aちゃんがボールに視線を向けながら笑い、笑ったまま隣のN先生に視線を向ける。N先生も笑ってAちゃんの顔を覗き込む。

（2歳11か月　プレイルームでの運動遊び）

エピソード1は先生のはたらきかけに対して明確な応答がないため、やりとりが成立しない場面であるのに対して、エピソード2はAちゃんとN先生がトランポリンのうえで跳ねるボールに注意を向け、その楽しさを共有することが見られ、まさに共同注意が成立している場面です。エピソード2は、エピソード1の1週間後に見られた場面ですので、Aちゃんに発達的な変化が生起したとは言い難く、保育者のはたらきかけ方の違いがエピソード間の差異を生み出した要因であると考えられます。

それぞれのエピソードで見られた保育者のはたらきかけ方とそのねらいを、図1および図2に示しました。エピソード1では、Aちゃんが興味を示しているゴム製のボールを使って、保育者が用意した共同注意の世界へAちゃんに参加してもらうことを意図したはたらきかけです。このようなはたらきかけ方やねらいは、支援のなかでも多く見られますし、決して間違ったはたらきかけ方というわけではありません。しかし、この時期のAちゃんのように、他者の指さしなどへの応答が見られず、他者のはたらきかけへの反応が見られにくい段階にいる場合、その後のやりとりへと発展することは少ないのかもし

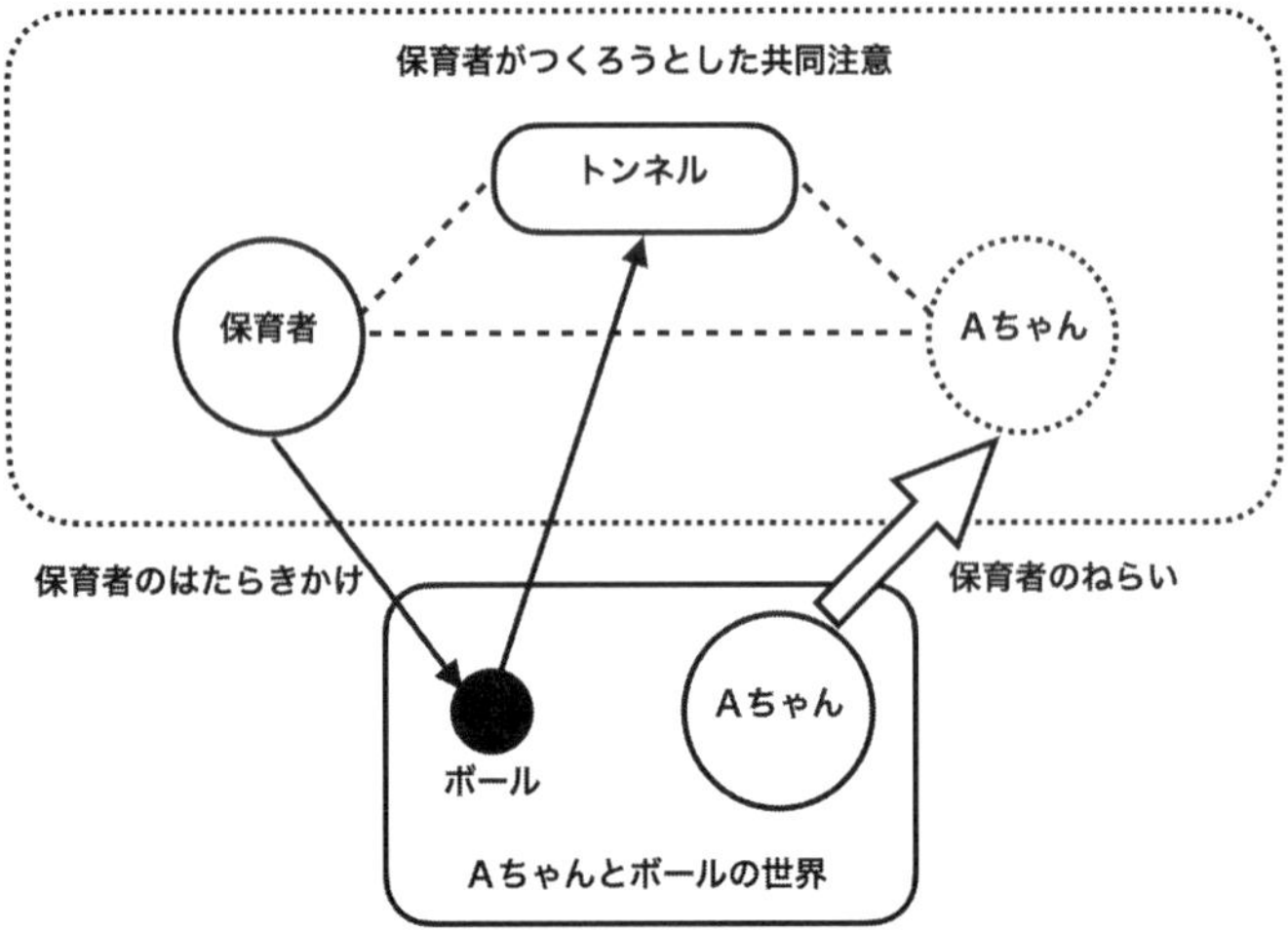

図１　エピソード１におけるＡちゃんへの保育者（Ｆ先生・Ｂ先生）のはたらきかけ方

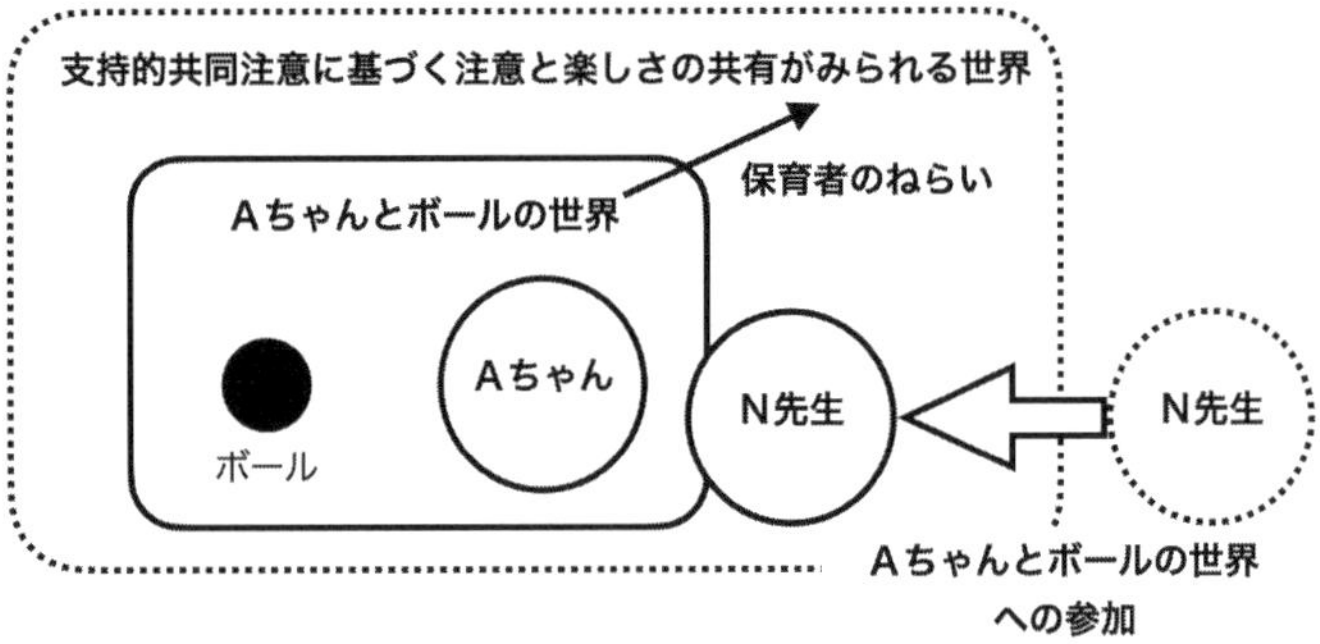

図２　エピソード２におけるＡちゃんへの保育者（Ｎ先生）のはたらきかけ方

れません。一方で、エピソード2では、Aちゃんが興味を示しているモノや現象に寄り添う形ではたらきかけています。まさにAちゃんとボールの関係性に、保育者が参加する形で支持的な共同注意が成立し、やりとりが持続するなかでAちゃんからN先生に対するほほえみが生起して意図共有的共同注意へと発展していったといえますし、それをねらいとしたはたらきかけといえます。

このように、他者の指さしの理解が見られない段階では、保育者のはたらきかけに対する応答が見られにくく、加えて、はたらきかけの意図を十分に理解することは困難であるため、やりとりが発展しにくい時期であると考えられます。しかし、共同注意が成立しないわけではありません。子どもの注意や興味に寄り添う形で支持的共同注意を含むやりとりを成立させ、そのやりとりに基づき意図共有的共同注意へと発展させていくようなはたらきかけ方が求められるといえるでしょう。

■指さしへの応答が見られ始める時期

Ⅱ期のAちゃんと保育者とのやりとりでは、保育者のはたらきかけに対する明確な拒否を示す応答が増加し、加えてその場から逃げてしまうことが多く、やりとりが継続しにくいことを特徴としました。この時期に見られた特徴的なやりとりが、以下の二つのエピソードです。

【エピソード3：誘いかけられると逃げる】

三角形のマットを使って、M先生がRくんと一緒にマットの斜面をのぼりマットを反対側に倒す遊びを始める。おままごと遊びをしていたHちゃんがその音やM先生の笑い声に気がついてマット遊びに参加する。N先生とおままごと遊びコーナーにいたAちゃんに対してU先生が呼びかけると、スッと立ち上がってマットでの遊びに近づいてくる。U先生がマットを叩きながら「Aちゃんも。どうぞ」と声をかける。しかし、声をかけられるとくるっと素早く反転してN先生がいる場所に戻る。N先生とU先生がマット遊びに参加するように声をかけると、マットに近づいて足を伸ばしてマットに触れるものの、すぐにおままごと遊びコーナーに逃げる。これを何度も繰り返す。

（4歳0か月　保育室での自由遊び）

【エピソード4：他児の行動に興味をもち後追いする】

犬のぬいぐるみの首に紐をつけて、M先生が「お散歩行ってきまーす」とHちゃんと一緒にぬいぐるみを引っ張りながら室内を移動し始める。するとAちゃんもあとを追い始め、Hちゃんが引っ張るぬいぐるみのあとを追いかける。追いかけられていることに気がついたHちゃんが走って逃げると、Aちゃんも走って追いかける。Aちゃんが近くに来たタイミングでM先生が「Aちゃんもお散歩する？」といってM先生自身が引っ張る紐を手渡すが、直ぐに紐を手放し、うなるような声を上げながらその場から離れてしまう。興味があるのか、しばらくすると再びHちゃんが引っ張るぬいぐるみのあとを追い始める。しかし、M先生が声をかけるとその場から逃げてしまう。

（4歳2か月　人形あそび場面）

エピソード3、4ともに、興味があって近づいてくる様子でありながらも、先生に声をかけられると逃げてしまう姿が共通しており、この時期に多く見られた特徴でした。Aちゃんに限らず、興味がありつつも活動に参加することができない姿を示す自閉症スペクトラム障害をもつ子どもは少なからずいるように感じます。

このような行動を示す背景にある可能性の一つとして、自閉症スペクトラム障害をもつ子ども特有の他者理解があげられます。別府哲さん（『自閉症幼児の他者理解』ナカニシヤ出版、2001年）によると、自閉症スペクトラム障害児は他者の行動の意図などを理解することなしに他者の指さしを理解すること、そして、このような指さしの理解は自分自身の行動と他者との行動との随伴性の理解に基づいていることが明らかにされています。随伴性とは「他者の行動が特定の事物や現象を指し示す」ことや、「自分のある行動が、他者の特定の行動を呼び起こす」ことを理解することを意味しています。自閉症スペクトラム障害をもつ子どもが自分にとって快刺激となる他者とのかかわり（例：身体をぐるぐると回すことを要求する）を際限なく求めることや、他者の怒り反応を引き出す行動（例：何度も棚のうえに登ろうとし、他者から注意されると喜んで逃げる）である「挑発行動」を行うのは、この随伴性の理解が原因となると指摘されています。この時期にAちゃんにも指さしの理解が見られるようになったものの、他者の行動の意図の理解が伴わない形で成立したと考えられ、保育者からの活動参加の促しの背後にある意図をくみとれないために、やりとりから逃げるような反応へとつながったと考えられます。

このような興味を示しつつも誘いかけると逃げてしまうAちゃんのような行動に対して必要となるのが、活動を「見る」かたちで参加する機会を保障することです。興味があって近づいてきているので、保育者としては「どのようにはたらきかければ活動に参加できるのか」と考えたくなるものだと思います。しかし、他者の意図が十分に理解できていない段階では、そのような参加を目指したはたらきかけの意図や、参加する活動の内容、および、その活動に参加することで自分自身がどのような状態（ポジティブなものかネガティブなものか）になるのか判断できず、興味をもちつつも、同時に不安ももっている状態であると考えられます。不安が十分に解消されないままの状態での他者からの参加の促しは、興味よりも不安をかりたててしまうのかもしれません。そのため、その場のやりとりから逃げるように振る舞ってしまうのではないかと思います。

Aちゃんへの支援のなかでは、活動を「見る」かたちで参加する機会を保障することを保育者が共有し、活動に興味を示し近づいてくるAちゃんに対して、参加の促しではなく、「Rくん、あんなすごいことしてるわ」、「Hちゃん、かっこいい」など他児の様子をポジティブな表現で伝えることで、活動や他児への興味を高めるような対応がとられました。このような対応が、次に紹介するⅢ期の姿につながったと思われます。

■自ら指さしを産出し始める時期

Ⅲ期のAちゃんと保育者とのやりとりでは、保育者のことばのみを用いたはたらきかけに対して応答することが他の時期に比べ多くなること、保育者からのはたらきかけに対して笑顔など快の情動表出が伴うかたちで反応を示すことが他の時期に比べ多くなることなどを特徴としました。さらにこの時期には、以下に示すような他児とのやりとりや、他児の行動を参照して模倣する姿も見られるようになりました。

【エピソード5：片付けに「見て」から参加する】

お片付けの場面となり、Rくん、Hちゃん、Dくん、そして先生たちが片付けを始める。Aちゃんはすぐには片付けに参加しようとしない。しばらく他児を追いかけて片付ける様子を見ている。Hちゃんが M先生からお皿を受け取り、おもちゃを片付ける棚の前にいたN先生に手渡す。N先生が「ありがとう～、丸です」と笑顔でHちゃんに声をかける様子を見た途端、Aちゃんが反転して走ってM先生に近づきコップを受け取る。途中、Rくんが椅子を片付けている様子を見て足を止めるが、N先生が「Aちゃん、こっちにお願いします」と声をかけると、コップをN先生に手渡し、先生からほめられるとその場でクルクルと身体を回転させ始める。

（5歳2か月　自由遊び場面）

Ⅱ期での他児の活動を「見る」ことに加え、Ⅲ期では自らも活動に参加する場面も見られ始めたことを特徴としました。遊びたいおもちゃを指さすなど要求の指さしが中心ではありましたが、この時期になると自らの意図を他者に伝えようとする行動が見られるようになるとともに、他者からのことばによるはたらきかけを受け入れてやりとりが継続することも増加しました。また、遊び場面において、保育者がケーキのおもちゃを食べるふりをし、Aちゃんの口元にケーキのおもちゃをもっていくと口を動かし食べるふりが見られるなど、保育者の支えがあればふり遊びが成立するようにもなりました。

エピソード5のように、他児や保育者の行動を「見て」、他者の行動の意図や活動の意味を理解する姿が見られ始めると、支援においてはついつい片付けへの参加を促すために声をかけてしまいたくなるものです。しかし、第2章でも述べたとおり、知的障害を伴う自閉症スペクトラム障害児への支援においては、「待つ」ことも重要なはたらきかけ方になります。この時期のAちゃんは、活動に参加することができるものの、活動開始時点から参加するのではなく、まずは活動を「見て」から参加するかどうか自分自身で判断している姿が多く見られました。もちろん、そのような姿を示す子どもに参加を促す声かけのような保育者からの支えも重要です。

しかし、Hちゃんが N先生にほめられたことをきっかけとして、自らも片付けに参加するようになったように、思わず参加したくなるようなきっかけを作ることがより重要となるのではないかと思います。つまり、保育者の支えによって行動に移すことができることだけでなく、たとえ時間を要しても、自ら切り替えて「ジブンデ」行動することが、自我を育むうえで重要となるように思います。そのためには、保育者の「待つ」というはたらきかけ方が必要になるのです。

――Kくんのケース

二つ目の事例が、筆者が勤務する奈良女子大学大学院附属心理教育相談室（以下、相談室）に通う自閉症スペクトラム障害をもつKくんの事例です。Kくんが4歳6か月の時点から現在まで継続して支援を行っています。初回の面接で、母親から言語発達の遅れ、自傷行動、他傷行動、パニックの生起、モノを一直線に並べる行動への対応についての主訴がありました。Kくんの発達の状況としては、3歳8か月時点で実施した発達検査（新版K式発達検査２００１）での全領域の発達年齢は1歳6か月、5歳10か月時点での全領域の発達年齢は1歳11か月であり、現在では2歳頃の発達的特徴を示しています。また、相談室来所開始時において児童発達支援施設に週5日通園し、6歳6か月から特別支援学校に通学しています。

Kくんには現時点でも有意味語の産出は見られていませんが、5歳後半から指さしを使った要求行動が産出されるようになりました。また、Kくんが相談室での活動中に示した反復的行動として、手をひらひらさせながら飛び跳ねることや、両手で耳を押さえる行動、特定の他者の耳の匂いを嗅ぐなどの常同行動と、両手首や腕を噛むなどの自傷行動が確認されています。

図3に相談室におけるKくんと実習生である大学院生とのやりとりについて分析した結果を示しています。すべての支援場面について、録画ビデオの中間点から前後5分ずつ、計10分を分析の対象としました。さらに分析対象となるビデオを10秒ごとに区切ることで作成した60フレームにおいて、ターゲットとした行動（二項的やりとり・応答的共同注意・自発的共同注意）が生じた割合を示しています。

二項的やりとりとは、Kくんと実習生とがモノを介さずやりとりを行った場面です。具体的にはくすぐり遊びなどが該当します。応答的共同注意とは、他者の指さしに応答する形で成立する共同注意行動であり、実習生がKくんの注意をモノや出来事に向けさせることで生じるやりとりを指しています。具体的には実習生がおもちゃを指さしてKくんがおもちゃを見たり操作したりするやりとりが該当します。そして、自発的共同注意とは、子ども自らが指さしを産出して成立する共同注意行動であり、Kく

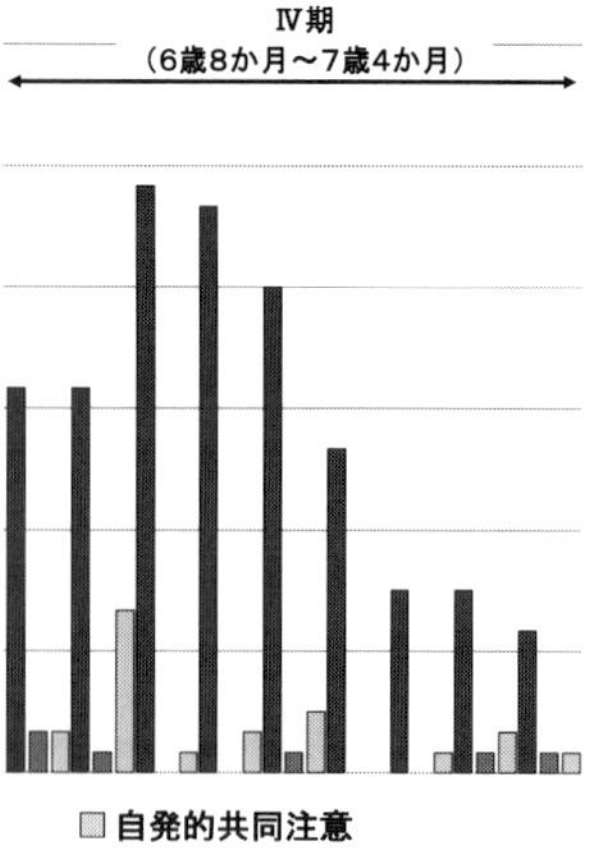

んが指さしなどにより実習生の注意をモノや出来事に向けさせることで生じるやりとりを指しています。具体的にはKくんが欲しいおもちゃを指さして実習生に取ってもらうなどのやりとりが該当します。

ターゲットとした三つの行動の生起割合から、観察期間を四つの時期に区分しました。Ⅰ期は二項的やりとりが中心で、共同注意がほとんど生起しない時期です。Ⅱ期は応答的共同注意が見られ始めた時期です。Ⅲ期は応答的共同注意が安定し、自発的共同注意が生起し始めた時期です。そして、Ⅳ期は自発的共同注意が増加し始めた時期となります。ここでは、このような他者とのやりとりとKくんの反復的行動の変容との関連について、詳細をエピソードで紹介しつつ、支援のなかで必要となる基本的な視点について説明していきたいと思います。

■他者とのやりとりの変化で常同行動も変容する

Ⅰ期からⅢ期までのKくんの常同行動については拙稿（狗巻修司「相互交渉場面における自閉症スペクトラム障害児の反復的行動の質的変容に関する分析——常同行動と限局行動に着目して」『人間文化総合科学研究科紀要』第37巻、2022年）にまとめているのですが、Ⅳ期までを含めて改めて分析し直しました。以下に、四つの時期に見られた常同行動を含むエピソードを紹介します。

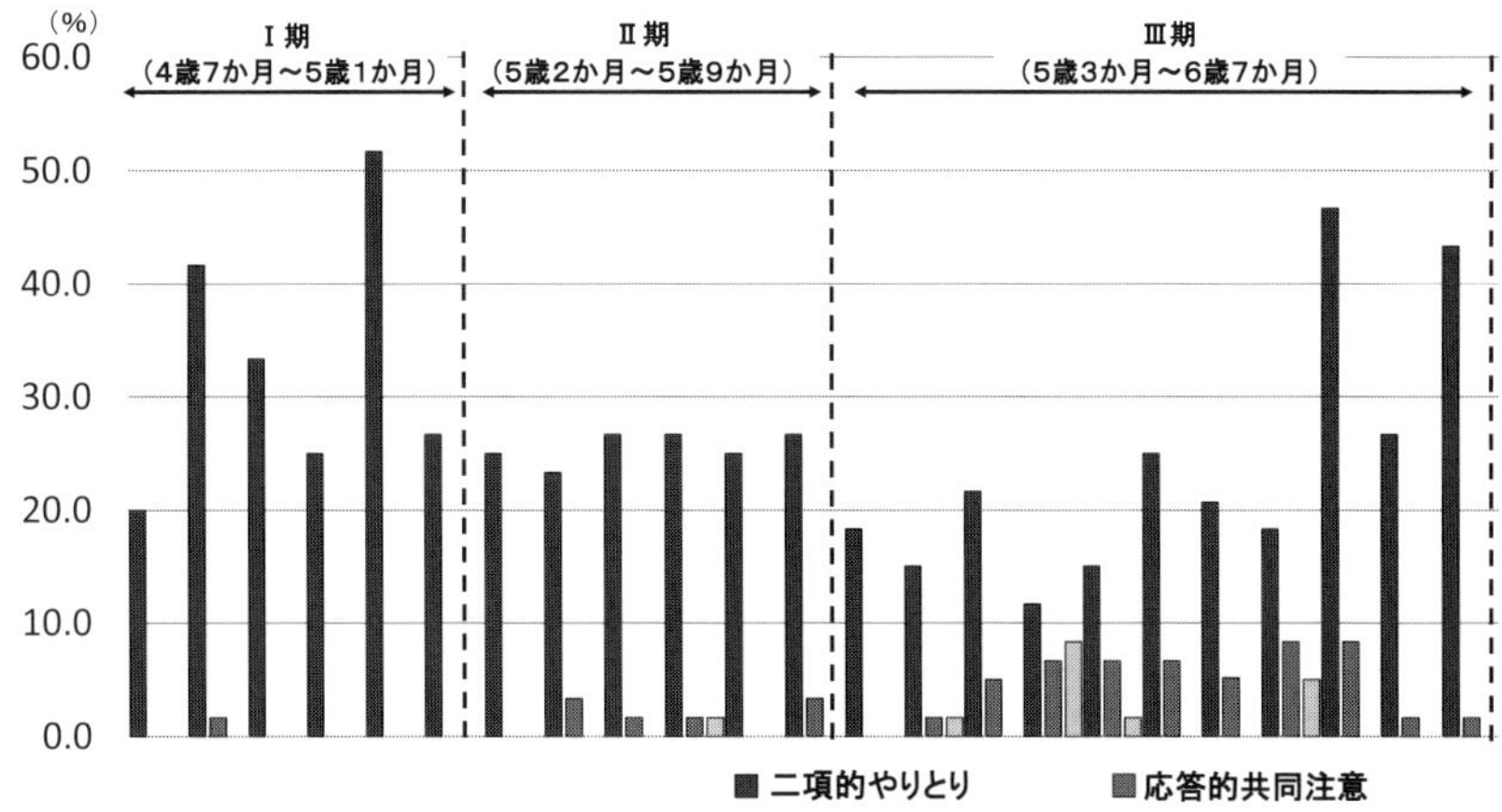

図３　Kくんと大学院生との相互交渉の変容過程

【エピソード1：排水口のビー玉が取れず怒りながら産出する常同行動】

床に落ちていたビー玉を床にこすりつけながら上下左右に動かす。しばらくすると部屋に設置された水道のシンクに向かってビー玉を投げ入れて、ビー玉が跳ねる様子を見ている。水道の前に座り排水口のふたに手を伸ばしたので、実習生が「あ～あかんのに」と声をかける。Kくんから明確な応答はなく、ふたをとってしまったので、シンクにあったビー玉が排水口のなかに落ちていく。排水口に落ちたビー玉を指で触りながら「イーッ！」と甲高い声を上げる。実習生がKくんの背後からビー玉の入った箱を持って音を鳴らしながら近づいてきたことに気がつくと、甲高い声を出しながら2回その場で飛び跳ね、耳を押さえながら走って実習生に近づき、箱を奪うようにとる。

（4歳8か月　I期）

【エピソード2：不快情動の切り替えのために産出する常同行動】

角度をつけた机の斜面にビー玉を転がしていたが、突然「イーッ！」と甲高い声を出して耳を押さえながら飛び跳ねる。その後、耳から手を離し、手をひらひらとさせながら飛び続ける。時折甲高い声を出して、不快な表情をしている。しばらく飛び続けたあと、ビー玉遊びに戻る。

（4歳11か月　Ⅰ期）

【エピソード3：実習生のくすぐりを喜び、快の情動とともに産出される常同行動】

クッションで寝転びながら、電車遊びで使用するおもちゃを両手で持ち、おもちゃ同士をぶつけたり、それぞれのおもちゃを鼻に近づけて匂いを嗅いだりする。実習生の一人が「あんまり匂いはよろしくないね」と声をかけ、もう一人の実習生がそれを聞いて笑う。それを受けてKくんもにこりと笑い、立ち上がって声を出して少し走ったあと、両手をひらひらさせながら飛び跳ね、そのままクッションに飛び込む。実習生がKくんをくすぐると声を出して笑い、立ち上がって少し走り、再び手をひらひらさせて飛び跳ね、クッションに飛び込む。再び実習生がくすぐると声を出して笑う。その後、このやりとりを2回繰り返す。

（5歳4か月　Ⅱ期）

【エピソード4：「喜びの舞」の模倣を喜び産出される常同行動】

野菜のおもちゃを包丁のおもちゃでカットして鍋に入れる行動を繰り返し、鍋のなかがいっぱいになるまで続ける。実習生がお麩《ふ》を出すと、手を伸ばして受け取り、フライ返しで床に押し付けて潰すことに没頭する。しばらくして実習生が「Kくん、カレーはもういいの？」と鍋を指さして話しかけると、お麩を潰すことをやめて鍋を両手に持って水道に移動する。シンクに鍋を置くと、突然身体を上下前後に揺らし始める。ビデオを撮っていた実習生が「出た！喜びの舞」と笑いながら話しかけ、別の実習生がKくんの動きを模倣すると、Kくんもにこりと笑って手をひらひらさせながら飛び跳ねる。飛び終わると実習生とハイタッチする。

（6歳3か月　Ⅲ期）

【エピソード5：黒ひげが飛び出したことを共有、活動への誘いかけとしての常同行動】

「黒ひげ危機一発」のおもちゃに気がつき、自ら近づいてくる。実習生が順番交代を提案して剣を刺そうとするが、実習生が持っていた剣をとり自ら剣を刺し続ける。4本目を刺すと黒ひげが飛び出る。あまり驚いた様子は見られず、すぐに実習生の手を持って黒ひげをセットするように要求する。2回目も実習生が順番交代を提案するが声を出して嫌がる。剣を刺していくと再び黒ひげが飛び出る。表情の変化は明確には見られないが、すぐに立ち上がり、両手をひらひらとさせて走り、母親と面談していた筆者の隣に立つと両人さし指で耳の穴を塞ぎながら「黒ひげ危機一発」のおもちゃと筆者に交互に視線を向ける。その後、飛び跳ねながら筆者の手を引っ張るので、「先生も一緒にやろうって？」と実習生が声をかけ、筆者が「一緒にやろうか？」と応じると、筆者の手を離し、両手をひらひらさせて飛び跳ねて笑いながら戻っていく。

（6歳9か月　Ⅳ期）

【エピソード6：不快な情動時の活動継続のため産出する常同行動】

ボーリング遊びで使用するピンを1の数字から並べ始める。5までは順番に並べる。実習生が10のピンを「これかな?」といって5のピンに並べると10のピンを取り除く。その様子を見ながら実習生が笑いながら「違ったね」と声をかける。次に9のピンを並べたので、実習生が「次はこれかな?」と6のピンを並べようとすると、6のピンを元に戻し、甲高い声を出して、両人さし指で耳の穴を塞ぎ、「エッー!」と続けて2回大きな声を出す。実習生が「ごめんね~」と背中をさする。その後も不快を示す声を出しながらも、残りのピンをすべて並べる。(7歳1か月　Ⅳ期)

これら六つのエピソードに見られた変化から、他者とのやりとりとKくんの反復的行動の変容との関連として、以下の2点で重要な意味をもつと考えられます。

1点目は、他者とのかかわりの発達的変化とともに、常同行動を示す場面に広がりが見られた点です。Ⅰ期においてはKくんにとって不快情動を示す甲高い声とともに手をひらひらとさせながら飛び跳ねる行動が産出される場面のみが観察されていました。しかし、Ⅱ期以降ではネガティブな情動だけでなく、ポジティブな情動を示す表情や笑い声とともに産出されるようになりました。Kくんに見られた手をひらひらさせながら飛び跳ねる行動は、観察期間を通じて形態には大きな変化は見られていないことから、行動が産出される場面に広がりが見られた点はKくんのコミュニケーションの意図に変化が生じたことを意味すると考えられます。また、生起するきっかけも、エピソード2に示すようにⅠ期においては行動生起前後から何が不快であったのか原因を推測するのが難しいことが特徴でした。一方で、エピソード6では、実習生がボーリングのピンをわざと間違えたり、自分が並べたピンに勝手にピンを並べたりすることに対する明確な応答として解釈することが可能です。Ⅳ期では他者の指さしを理解できるようになり、自らも指さしを用いて他者の注意を操作できる段階となっていますので、他者のかかわりの意図を理解するとともに、他者に対して自らの意図を伝えられるからこそ、常同行動という形を用いつつ、自らの意図を表出するようになったと考えられます。

2点目は、このようなKくんの常同行動に対する他者の解釈にも広がりが見られた点です。常同行動に対して、「喜びの舞」（エピソード4）や「先生も一緒にやろうって?」（エピソード5）などの実習生に見られたKくんの行動意図の推察は、常同行動への対応において重要な意味をもつと考えられます。つまり、「喜びの舞」と捉えるからこそ模倣という形で対応しますし、「一緒にやりたい」という要求表出と捉えるからこそ「一緒にやろうか」と応じることができるのです。第3章で紹介した「日本語版RBS—R」における常同行動下位尺度の定義では「同じようなやり方で反復される明らかに無目的な動きあるいは動作」とされていますが、Kくんの事例からは、Ⅲ期やⅣ期に見られた手をひらひらさせながら飛び跳ねる行動が無目的とは考えにくくないでしょうか。しかし、産出する行動の形態としてはⅠ期の行動との違いはありません。そのため、Ⅲ期やⅣ期の行動を無目的な常同行動と捉えてしまうと、そこからコミュニケーションは発展しないことになります。そのために、他者の解釈の広がりは重要となると考えられます。

■他者とのやりとりの変化で自傷行動も変容する

次に、Ｋくんに見られた自傷行動（両手首や腕を噛《か》む行動）と、他者とのかかわりの発達との関連について見ていきます。Ｋくんは相談室に通い始める時点ですでに自傷行動が見られており、両手首や腕を噛む行動が頻繁に生じることで、ときには出血した状態で来室することや、噛みだこのような跡や皮膚の変色も見られました。

相談室での活動において、Ｋくんが両手首や腕を噛む行動を生起させた場面を抜き出した結果、Ⅰ期は6場面、Ⅱ期は12場面、Ⅲ期は13場面で行動が確認されたのに対して、Ⅳ期にはこのような行動が産出されていないことが明らかとなりました。また、Ⅰ期からⅢ期までに見られた行動の特徴を以下のエピソードに示しました。

【エピソード7：特定の原因を持たない自己刺激的な自傷行動】

クッションの上で寝転んでいたＫくんに、実習生がクーゲルバーンを見せると興味をもって自分から近づいてくる。「バァー」と声を出し、ビー玉をクーゲルバーンに入れて転がす。手に持ったビー玉を転がし、最後まで転がると、再びビー玉を手にしてクーゲルバーンに入れることを繰り返す。ポジティブな表情で「バァッ、バァッ」とリズミカルに発声するなどクーゲルバーンの遊びを楽しんでいる。ビー玉を入れていたコップが空になると立ち上がって笑いながら歩き始める。床に落ちていたビー玉を2個拾うとクーゲルバーンに戻ってくる。ビー玉をクーゲルバーンに入れると、立ち上がりながら右手の手首を噛み始め、手首を噛んだまま窓の前まで移動すると部屋の外を見る。そして外を見ながら今度は左手の腕を噛み始める。実習生がKくんの腕をさすると噛むのをやめて、再びクーゲルバーンに戻る。床に落ちていたビー玉をクーゲルバーンに入れて、ポジティブな表情でリズミカルに発声しながら遊び続ける。

（5歳1か月　Ⅰ期）

【エピソード8：他者のはたらきかけを拒否する自傷行動】

棚に置いてあったホワイトボードに気がつき、棚に登って取ろうとするのを実習生が後ろから支える。ホワイトボードを床に置き、貼り付けていた数字が書かれたマグネットを触り始める。実習生が棚からひらがなの形をしたマグネットを出してKくんに提示すると、手を伸ばして受け取りホワイトボードに貼る。しばらく実習生が手渡したものをKくんが貼るというパターンを繰り返したあと、ひらがなのマグネットが入った箱を実習生から取り上げて、ひらがなのマグネットを床に撒き散らす。「エーッ！イィーッ！」とリズミカルに発声しながらポジティブな表情でマグネットを貼り続ける。マグネットになっていない数字のピースをホワイトボードの上に乗せるので実習生が取り除こうとしたことに気がつくと、不快な声を出して首を左右に振って数字のピースを再びホワイトボードに置く。実習生が「触らないでーやな」と声をかけつつ、Kくんに気がつかれないように再び数字ピースをこっそり取ろうとすることに気がつき、不快情動時に産出される甲高い声を出しながら、実習生の顔に視線を向け左手の手首を噛む。実習生が「嫌なん？」と声をかけつつ数字のピースを元に戻すと、手を口から離し、再びマグネットを貼り始める。

（5歳4か月　Ⅱ期）

【エピソード9：要求産出と関連する自傷行動】

筆者に近づいて笑いかけ、手をとってトランポリンに連れていき、手を下に引っ張る形でトランポリンに座るように要求する。その後、実習生2名とビデオ撮影していた実習生の順に同様のやり方でトランポリンに座るように要求する。そして、残った母親の前に行き、手を引っ張ってトランポリンに連れて行こうとするが「ママはしないよ、座るところないよ」と立ち上がらない。実習生が「Kくん、おいでー」と声をかけるが、右手で母親の腕を引っ張り左手で左耳を押さえながら「アッ！アーッ！」と怒ったような声を出し、首を左右に振ったあと、右手首を噛みながら走ってトランポリンを一周し、再び母親の前に戻って立たせようと引っ張るが、母親が立たなかったため、再び右手首を噛む。その後、怒った声を出して筆者が座っていた折り畳み椅子を畳む。

（6歳2か月　Ⅲ期）

Kくんの両手首や腕を噛む自傷行動を分析したところ、Ⅰ期で自傷行動が見られた6場面全てがエピソード7のような自傷行動産出前に確たる原因がない形での表出であることが特徴でした。このような形で産出される自傷行動は、Ⅱ期やⅢ期にも継続して見られた一方で、Ⅱ期からは実習生のはたらきかけを意識した応答として産出されること、そして、Ⅲ期にのみ自らの要求産出と関連する形で自傷行動が産出されるようになるという変化が見られました。また、Ⅰ期とⅡ期での自傷行動は継続時間が短く、自分の手首や腕を噛んだあとは不快情動を引きずることが見られなかったのに対して、Ⅲ期での要求産出と関連する形で自傷行動を行ったあとも不快情動は継続し、同時に、エピソード9において筆者の椅子を折り畳むことで相談室での活動を終わらせ、母親を立たせようと意図したと推測される行動が見られたように、要求を出し続ける間は不快情動が継続するようになりました。

このように、同一の形態で産出されるKくんの自傷行動ですが、大きく分けて、Ⅰ～Ⅲ期を通して見られた「特定の原因を持たない自己刺激的な自傷行動」、Ⅱ期とⅢ期を通して見られた「他者のはたらきかけを拒否する自傷行動」、Ⅲ期にのみ見られた「要求産出と関連する自傷行動」の三つに分類されるようです。そして、これらは他者とのかかわりの発達と関連していると考えられます。すなわち、共同注意が成立しない段階では自己刺激的なものであった自傷行動が、他者の指さしを理解して応答的共同注意が成立することで他者のはたらきかけに注意を向けることができるために、はたらきかけへの拒否としての機能をもち始めます。さらに、要求がより明確になるために自発的共同注意が成立するようになると、要求が叶わないときに自己の情動を調整する機能をもつ自傷行動を産出するようになったと考えられるのです。そして、自発的共同注意が増加し始める時期になると、それまでよりも高い水準で他者の行動の意図を理解し、巧みに他者の注意を操作することができるようになることで自傷行動自体の生起が減少する可能性があるといえます。

ただし、現在でも母親いわく、「極限状態になれば」自傷行動が生起するとのことですので完全に消失したとはいえません。同時に、他の機能が発達するなかで再び自傷行動が出現する可能性もあります。このまま行動が減少し、行動が消失するのかどうかについては慎重に検討する必要がありますので、明確な結論を出すことはできません。

■障害特性も発達とともに変化する

ここまで、AちゃんとKくんの事例を紹介しつつ、知的障害を伴う自閉症スペクトラム障害をもつ子どもへの支援のなかで見られる障害特性の特徴と変容過程について説明してきました。とくに、共同注意を含む他者とのやりとりの発達的変化との関連から、知的障害を伴う自閉症スペクトラム障害児への支援において、以下の2点が重要であると考えられます。

1点目は、Aちゃんの事例から明らかになったように、知的障害を伴う自閉症スペクトラム障害児の障害特性として指摘されることが多い共同注意も発達による変化が見られること、そして、その変化と関連する形で他者とのやりとりや、集団活動への参加にも変容が見られることです。障害の有無によらず、子どもの発達状況にあわせて支援者のはたらきかけ方を変化させることが重要です。このことは、保育所保育指針や幼稚園教育要領、学習指導要領でも謳われている点です。

しかし、第2章で指摘したとおり、知的障害などの障害の程度が重度であるほど、発達の質的転換が生じにくく、特定の発達段階にとどまりやすいため、子どもの発達状況をどのようにアセスメントするかが支援において重要となります。そのため、Aちゃんの事例からは、知的障害を伴う自閉症スペクトラム障害児への発達早期の支援において、指さしの理解と産出が発達状況を確認する指標の一つとなり得ること、その発達状況に応じて、支援者のかかわり方や「見る」参加の機会の保障などの取り組みが必要な支援の手立てとなることを意味していると思います。

2点目は、Kくんの事例から明らかになったように、知的障害を伴う自閉症スペクトラム障害児の対人コミュニケーションの発達と、反復的行動の変容とに関連が見られる点です。これまでの研究では、自閉症スペクトラム障害の診断基準の二つの柱である「対人コミュニケーションの困難さ」と「反復的行動」とは、個々別々にその特徴と変化のプロセスが検討される傾向にありました。しかし、自閉症スペクトラム障害をもつ子どもの早期診断の正確さや療育効果について研究しているヴェントラたちは、自閉症スペクトラム障害児に対して対人コミュニケーションの困難さの改善を目指した療育を実施したところ、対人コミュニケーションの困難さに改善が見られただけでなく、直接の治療の対象となっていない反復的行動にも改善が見られたことを報告しています。

Kくんの事例からも、他者とのかかわりの形態が発達とともに改善してくるなかで、形態的には常同行動として分類される行動を産出しつつ自らの意図を伝える姿が見られるようになることや、自傷行動の生起する文脈や意図、そして行動自体が見られなくなることなど、反復的行動に変容が見られています。このことから、診断基準の二つの柱となる行動は、支援のなかで関連し影響を与え合うものとして捉えていく必要性を示しているといえます。

重要なことは、知的障害を伴う自閉症スペクトラム障害児が示す障害特性を固有不変のものとして捉えるのではなく、発達とともにその特徴にも変容が見られるものとして捉える視点を支援者がもつことなのです。

《引用・参考文献》

別府哲『自閉症幼児の他者理解』ナカニシヤ出版、２００１年狗巻修司「保育者のはたらきかけと自閉症幼児の反応の縦断的検討――共同注意の発達との関連から」『発達心理学研究』第24巻、２０１３年
狗巻修司「相互交渉場面における自閉症スペクトラム障害児の反復的行動の質的変容に関する分析――常同行動と限局行動に着目して」『人間文化総合科学研究科紀要』第37巻、２０２２年
Ventola, P. E., Yang, D., Abdullahi, S. M., Paisley, C. A., Braconnier, M. L., & Sukhodolsky, D. G. (2016). Reduce restricted and repetitive behaviors after pivotal response treatment. Journal of Autism and Developmental Disorders, 46.

＊Ｋくんの常同行動の分析はＪＳＰＳ科研費（若手研究B、研究課題番号17K14065）の助成を受けて、自傷行動の分析はＪＳＰＳ科研費（基盤研究C、研究課題番号21K02685）の助成を受けて、それぞれ実施されたものです。

第6章

子どもの「こだわり」を活かす

■自閉症スペクトラム障害と「こだわり」

自閉症スペクトラム障害をもつ子どもへの支援では、数多くの「こだわり」と呼ばれる行動が見られ、家族や支援者を悩ませることにつながっています。同時に、子ども自身が自らの「こだわり」に制約を受けてしまうことも見られます。この点について、自閉症スペクトラム障害の当事者である東田直樹さんがご自身の「こだわり」について述べた以下の指摘は、重要な視点を提示しているように思われます。


こだわりは、とても辛いものです。

「こだわりを好きでやっている」と思っている人がいるなら大間違いです。

僕のこだわりは、無償で他人のためにだけ働かされる召使いになったような感覚なのです。どんなにやりたがっていても、好きでやっていることと、こだわりでやっていることは全く別の精神状態です。やっていることがそのどちらなのかは、本人の日頃好きなもの、困っていること、それをやっているときの目つきなどで、判断していただければありがたいです。こだわりを自分で止めることは難しいですが、時が経てばいつの間にか消滅するものも多いです。

（東田直樹『続・自閉症の僕が飛びはねる理由——会話ができない高校生がたどる心の軌跡』エスコワール出版部、2010年）


第3章で述べたとおり、「こだわり」と呼ばれる行動は反復的行動としてまとめられる多様な行動のなかに含まれますが、自閉症スペクトラム障害をもつ子どもへの支援場面では日本語版ＲＢＳ－Ｒで示される サブカテゴリーのなかでも、とくに「強迫的行動」「儀式的行動」「同一性保持行動」に分類される行動を中心に「こだわり」と表現されているように思います。石井哲夫さんと白石雅一さん（『自閉症とこだわり』東京書籍、１９９３年）はこだわり行動を「ある特定の物や状況に著しい執着を示し、それを常に一定の状態に保っていようとする欲求に本人が駆られた結果、それが変わること、変えられることを極度に嫌うようになり、行動面において反復的な傾向があらわになること」と定義しています。このように定義されるこだわり行動は、例えば別の活動に切り替える場面や、場所の移動が求められる場面で、行動を終えることができない姿を指しています。さらに、新規の活動を導入することに対して戸惑い、活動に参加することができない姿なども含まれています。子どもがこのような姿を示す場面では支援を効果的に行うことが難しくなるため、結果としてこだわり行動は「問題行動」として捉えられることになります。

■問題行動は「誰に」とって「問題」なのか

支援において「問題行動」と呼ばれる行動をどのように捉え、対応していく必要があるのでしょうか。問題行動を捉えるうえで重要となるのが、「誰に」とって、「どのように」、問題となっているのかという視点です。

すでに述べた東田直樹さんの指摘は、自閉症スペクトラム障害をもつご本人にとって「問題」となっている行動です。このような本人にとって「問題」を引き起こす行動に対して、支援のなかでその行動を産出させる原因をアセスメントし、物理的環境が原因ということであればそれを取り除くことや別のモノに置き換えて対応すること、人的環境が原因ということであれば取り組みやはたらきかけ方を変更していくなどの対応が必要となるでしょう。

一方で、こだわり行動の生起が、支援者にとって「問題」となっている場合はどうでしょうか。今ここで「こだわり」を生起されると予定していた活動ができない、時間までに戻れないと次の活動に間に合わない、さらには、いつまでも「こだわり」を許せば「甘やかしている」と捉えられかねない、などです。このような場合は、こだわり行動を行う自閉症スペクトラム障害の子どもにとっての問題ではなく、支援者が実践を展開するうえで支障となるという意味で「問題」であったり、他者からのネガティブな評価を懸念するために、子どもの行動を「問題」として捉えていたりすることがあるのではないでしょうか。

自閉症スペクトラム障害をもつ子どもへの支援において、「こだわり」にいつまで付き合うことが正しいかかわり方なのか。あるいは、付き合うことでやがては行動を切り替えることにつながるのか——。これらの問いは教職員や保育者への自閉症スペクトラム障害に関する研修などで講演させていただいた際に、必ずといってよいほど尋ねられる質問です。その際、私からは大切にしてほしい視点として、活動の区切りをつけるのは子ども自身であり、支援者が区切りをつけるのではないこと、支援者は子どもが区切りをつけることができるきっかけを作り出すことが必要である、ということを伝えるようにしています。あわせて、区切りのつけ方には個人差や発達による差も生じますので、万人に共通する唯一絶対の方法はない、ということも伝えるようにしています。ここで再び東田直樹さんの指摘を引用します。

自閉症の人の反復的行動は、自分なりの「きり」がつかなければ、終わりになりません。どうしても、同じことを何度もやってしまって、自分でも嫌気がさします。でも自分で納得できなければ終われないのです。（同）

東田さんがいう「きり」とは、リズムのずれだったり、タイミングのずれだったりするそうです。子どもの「こだわり」を切り替えるために何度も誘いかけてもうまくいかず、「もういいや」とあきらめ、はたらきかけをやめて見守ると、自ら区切りをつけて「こだわり」を終えることができた、といった話を保護者や支援者から聞くこともあります。もしかすると、あきらめたことがそれまでのはたらきかけ方と「ずれた」ため、その子どもにとって区切りをつけるきっかけになるのかもしれません。

本章では、自閉症スペクトラム障害をもつ子どもへの支援のなかで「問題行動」として捉えられる「こだわり」について、相談室の二つの事例を取り上げ、支援で必要となる視点について考えていきたいと思います。とくに、「こだわり」が生まれ、変容していくプロセスに焦点をあてていきます。

Hくんのケース／水への強いこだわり

一つ目の事例が、相談室に通う自閉症スペクトラム障害をもつHくんの事例です。Hくんが6歳11か月の時点から現在まで継続して支援を行っています。相談室での支援開始前のインテークにおいて、プレイルームに設置された水道の水を勢いよく出し続け、実習生が水道を止めると不快情動を示す声を出し、実習生の手をとって水道の蛇口に近づけ、水を出すよう要求する姿が見られるなど、水に強い「こだわり」があることが確認されました。母親への聞き取りからも、冬場でも自宅にてお風呂で水遊びをすることや、通園している児童発達支援施設でも手洗いの際に水道で水遊びをしていることが確認されました。

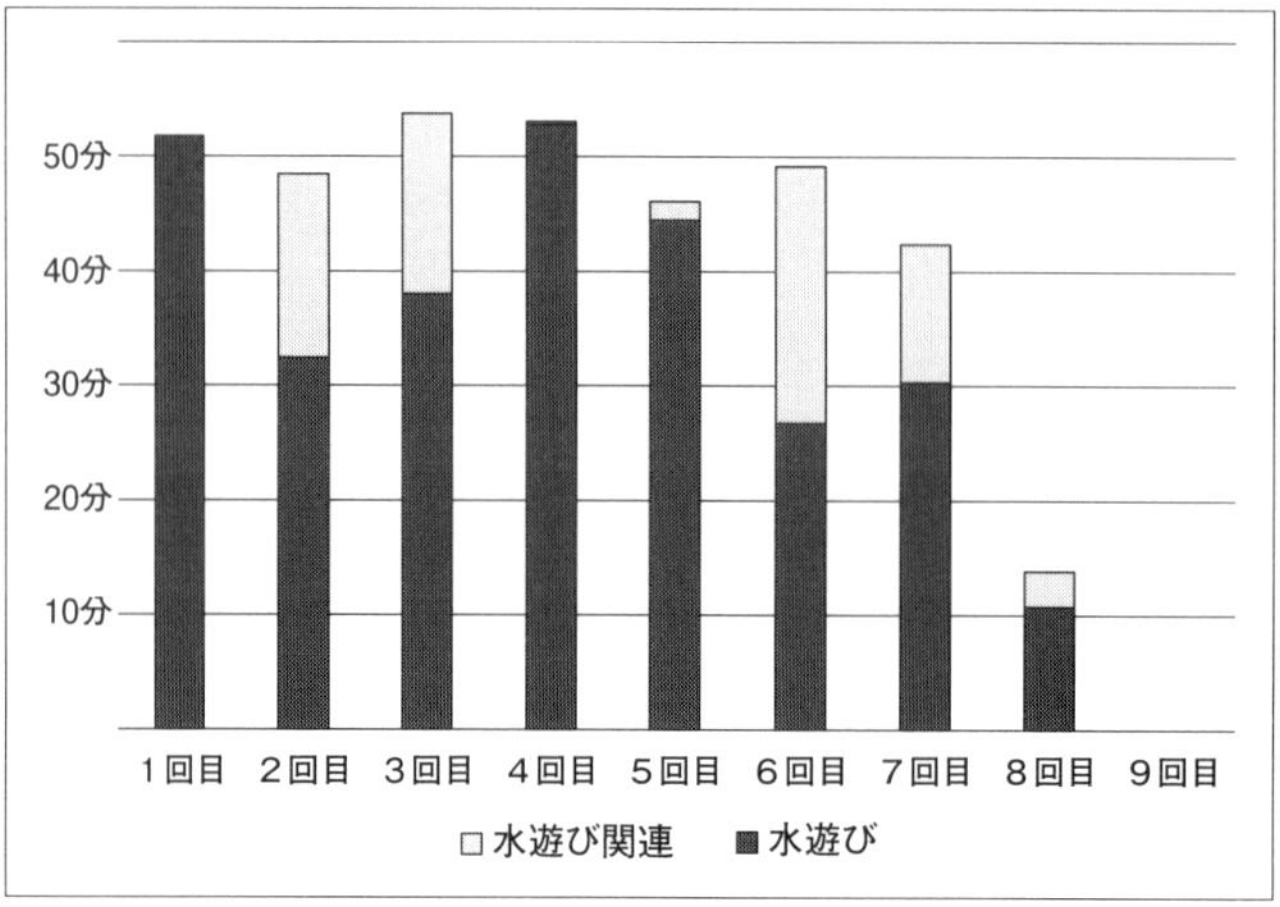

図１　相談室におけるＨくんの「水遊び」と「水遊び関連」の時間の変化

Ｈくんの発達の状況としては、７歳４か月時点で実施した発達検査（新版Ｋ式発達検査２００１）では、全領域の発達年齢は２歳６か月という結果でした。３歳11か月から就学まで週５日、児童発達支援施設に通園し、６歳11か月から特別支援学校に通学しています。６歳６か月時点で医療機関から自閉症スペクトラム障害と知的障害の診断を受けています。

相談室での支援初回から水にこだわり、水道に張り付くようにして過ごすことが続きました。図１に相談室の活動のなかで水を用いた活動を行った時間について、支援初回から「こだわり」が消失する支援９回目までの推移を示しました。図1の「水遊び」は実際に水道や鍋やタライに入れた水を使って遊んでいる場面です。「水遊び関連」は「水遊び」で使用する魚の色塗りなど、「水遊び」に関連している遊びであるものの、水に触れない時間を作ることを意図した活動を行っている場面です。相談室の1回あたりの活動時間はおおむね1時間となりますので、初回から5回目までの支援では「水遊び」が活動時間の半分以上を占めている状況でした。6回目と7回目の支援では活動時間に減少が見られ始め、8回目に大きく減少し、9回目の支援では「水遊び」と「水遊び関連」の活動は全く見られなくなりました。その後の支援のなかでも、気候がよい時期に水風船などを使った感触遊びを行うことや、絵の具を使ったお絵描きの活動で水を用いることが度々ありましたが、現在に至るまで水道の前に張り付き、活動時間の半分以上の時間を水に触れて過ごすなど、水に「こだわる」行動は見られていません。

このようなHくんに見られた「こだわり」の消失プロセスと、実習生のはたらきかけとの関連について検討した拙稿（狗巻修司「自閉症スペクトラム障害児の反復的行動の変容プロセスの検討」『人間文化研究科年報』第35巻、2020年）では、Ⅰ期（1〜4回目）、Ⅱ期（5〜7回目）、Ⅲ期（8・9回目）の三つの時期に区分して分析しています。本書では、この時期区分に従い、水への「こだわり」が変容していくプロセスで見られた特徴を具体的なエピソードを示しつつ、支援で重要となる点について考えたいと思います。

■水の感触に没頭する

Ｉ期におけるＨくんの「こだわり」は水に触れることに没頭し、実習生からのはたらきかけに応じることが少ないことを特徴としました。とくに1回目と2回目は相談室での活動の半分以上を水道の前で過ごし、水道から水を出し続けてシンクに溜まった水に手で触れたり、動物のフィギュアを水につけて動かしたりすることなど、実習生が介在しないかたちでの活動が中心でした。実習生もＨくんと同じようにシンク内の水に手で触れたり、両手で水を汲んでＨくんの腕にかけたりするのですが、Ｈくんからの応答はほとんど見られません。また、ふり遊びを展開しようとして動物のフィギュアなどを用いてはたらきかけるのですが、すぐにＨくんに取り返されたり、押し返されたりしてしまい、ふり遊びが成立しない場面が多く見られました。具体的には、以下のようなエピソードが見られました。

【エピソード1：水への没頭と他者の介入の拒否①】

水道から水を出しながら、シンクに溜まった水を手で触ったり、トラとカエルのフィギュアを両手で持って水につけて動かしたりして遊ぶ。途中、絵の具を出そうとするが、うまく出せないので実習生の手に視線を向けて「イロ」と小声でつぶやいて絵の具を出すように要求する。実習生がパレットに絵の具を出すと、パレットを水につけて、絵の具を手でかき混ぜる。水に色がつくと両手で水をかき混ぜる。実習生が「キリンさんもそろそろ入りたいなぁ」と言いながらキリンのフィギュアをシンクの水につけようとすると「ダメナノォ」とつぶやきながら実習生が持つキリンをシンクの外に押し出す。実習生が「じゃぁ、キリンさんはお外から見てもらうね」と声をかけるが、色水を触っていて明確な反応が見られない。

（6歳11か月　1回目）

【エピソード2：水への没頭と他者の介入の拒否②】

シンクに置いたお鍋に水を溜めて、魚が描かれたラミネートを浮かべて両手で鍋の水をかき混ぜる。実習生が横からラミネートにつけたクリップに磁石がついたひもを近づけて「お魚釣れた」と持ち上げようとすると、すぐに魚のラミネートと磁石を引き離して鍋に戻す。鍋に戻すと両手で水をかき混ぜる。

（7歳2か月　4回目）

また、相談室での活動の終了時刻になっても水を使った遊びを終えることができず、迎えに来た母親が何度も声かけをしてようやく活動を終えることができる姿が続きました。そのため、実習生も活動の終了時刻が近づくにつれて、「Hくん、今日はこれで最後にしようね」「水出すのは今回が最後だよ」と声をかけ水道を止めようとしますが、そのたびにHくんは水道をひねることを繰り返し、活動をスムーズに終えることは難しい様子でした。

■「水遊び」を実習生と一緒に楽しむ

Ⅱ期においても相談室の活動時間のおおむね半分からそれ以上の時間を「水遊び」に費やすことが続

きました。一方で、Ⅰ期との違いとして、「水遊び」場面での遊び方に変化が見られ始めたこと、および、「水遊び関連」の時間が増加し始めたことの2点をあげることができます。具体的なエピソードは以下の通りです。

【エピソード3：お箸を使って魚を捕まえる】

水道から水を出し、シンクに水が溜まると魚が描かれたラミネートをシンクに放り込む。そして一匹ずつお箸を使ってすくいはじめる。実習生がスライムを持って「Hくん、赤いスライム作ったよ」と声をかけると、スライムに一度視線を向ける。すぐにシンクに視線を戻し、ホオジロザメが描かれたラミネートをシンクからすくいあげ、「ホオジロザメゲット」とつぶやきながら右手を天井に向かって伸ばす。実習生が「ホオジロザメゲット、イエ～イ」と拍手しながら応じると、実習生に視線を向けて実習生が持つスライムに手を伸ばすので、「これ使う?」と声をかけスライムをシンクに溜まった水のなかに入れる。シンクに入れたスライムをしばらく触ったあと、実習生が持つスライムが入ったコップを受け取り、スライムで遊び始める。実習生がスライム遊びに誘うと、水道の前から机に移動してスライム作りに遊びが変わる。

（7歳3か月　5回目）

【エピソード4：鍋を使った人形のダイブ遊び】

鍋を見つけて自ら水道に持っていき、水を入れるように実習生に要求する。鍋に水を入れ終わると実習生と一緒に持って移動し、ボールプールのボールを鍋のなかに入れ始める。鍋に入れたボールを取り出すと再び水道で鍋に水を足したあと、アンパンマンの人形などを棚に取りにいき、両手に抱えた人形を実習生が持つ鍋に勢いよく放り込む。水が飛んだため実習生が笑いながら「びっくりしたよ～」と声をかけるとHくんも笑う。実習生が持つ鍋を床におろすように要求し、なかに入っている人形を取り出してトランポリンのうえに横一直線に並べ始める。並べ終わると再び鍋に投げ入れる。鍋から水が飛ぶので「やさしく入れてね」と実習生が声をかけるとHくんも笑う。人形を再び取り出して、今度はボールプールの壁に一直線に並べ始める。実習生が「なにそれ？ 飛び込みジャンプみたいな？」と声をかけると「ジャンプ、ミタイナ」と応答する。途中、人形が倒れても笑いながら並べ続ける。並べ終わると順に人形を鍋に落とし始め、全部の人形を落とすと笑いながら「ジャボーン」と2回続けて声を出す。実習生が発声を真似しながら鍋のなかの人形を動かし、「お風呂あったかいですね～」と声をかけると「ショリヲ、シテイキタイデス」と応じたので、実習生が「何の処理ですか？」と笑う。その後も実習生と一緒に人形を動かしたり、遠くに並べて投げ入れたりしながら遊び続ける。

（7歳5か月　7回目）

【エピソード5：「水遊び」に使う魚の色塗り】

「水遊び」で使用する魚の色塗りに誘いかけると興味を示して近づいてくる。実習生と一緒に色塗りを始め、実習生に魚を描くように要求する。「シッポモツケル」「メモツケル」など言語での要求も多く見られる。途中、トランポリンやボールプールに移動したりしながらも、視線を実習生に向けることが多い。戻ってくると絵の具のふたを開けるように要求し、そのまま実習生の膝に座っ

て魚の色を塗り始める。（7歳5か月　7回目）

このように、「水遊び」が活動の中心ではありましたが、水以外の感触遊び（スライム）などへも興味を示したり、「水遊び」のなかで人形を用いたふり遊びを実習生と一緒に楽しんだり、自ら実習生に接近して身体接触を求めながら活動するなど、Ⅱ期では活動のなかで示す行動に変化が見られ始めました。

■「水遊び」よりも他の遊びに興味を示す

Ⅲ期においては、「水遊び」の時間が大きく減少し、9回目には「水遊び」が見られなくなり、すべり台のうえからボールを転がしてピンを倒す遊びや、折り紙で紙飛行機を作り飛ばす遊び、そして、お絵かきなどを実習生と一緒に楽しめるようになりました。8回目に見られた「水遊び」では、以下に示したエピソードのように、Hくんが水の感触などに没頭することはなく、実習生に要求を出して一緒に遊ぶようになりました。

【エピソード6：「水遊び」における実習生への要求】

粘土遊びで使用した型抜き用の板を持って、実習生に対して「ミズ～」と伝えて水道から水を出すように要求する。型抜き用の板に水を溜めると一度絵の具を取りに机に戻る。その際、実習生が「こんなのできたよ」と絵の具を混ぜた粘土を見せると手で触る。しばらくすると水道に戻り、型抜き用の板に絵の具を出そうとするがうまく出せない。「エー」と声を出して実習生に絵の具を手渡す。出した絵の具を手で触るため、実習生が筆を手渡すと受け取って筆で絵の具を水に溶かす。型抜き用の板に入った水を流すと再び板に水を溜め、絵の具を実習生に手渡して絵の具を出すように求める。その後3回、同じやりとりを行うなかで、絵の具の色を選択したり、絵の具を出す場所を実習生に伝えたりする。しばらくして実習生が「あっちでご飯作る?」と声をかけると机に視線を向けて、自ら水遊びをやめて、ままごと遊びを始める。

（7歳6か月　8回目）

9回目の支援以降、現在に至るまで、水風船など水を使った遊びや絵の具を伸ばすため、あるいは筆洗に水をくむために水を出すことなどは見られますが、Ⅰ期やⅡ期での水の感触に没頭するような水への「こだわり」は見られていません。

Nくんのケース／CDを聴くことへのこだわり

二つ目に紹介する事例は、相談室に通う自閉症スペクトラム障害をもつNくんの事例です。Nくんが5歳6か月の時点から現在まで、おおむね月2回の頻度で、継続して支援を行っています。相談室の初回インテークにおいて、母親から異食が見られることや、モノを鼻に近づけて匂いを嗅ぐこと、モノを一直線に並べる活動を好むこと、そして絵本を母親と読む活動に「こだわり」が見られることが確認されました。

Nくんの発達状況としては、5歳10か月時点で実施した発達検査（新版K式発達検査2001）では、全領域の発達年齢は2歳0か月という結果でした。3歳6か月から就学まで週5日、児童発達支援施設に通園し、6歳6か月から特別支援学校に通学しています。3歳1か月時点で医療機関より自閉症スペクトラム障害と知的障害の診断を受けています。

相談室での活動の様子としては、初期の母子同室での活動の際にはお気に入りの絵本（『はらぺこあおむし』）を母親に読んでもらうことに固執する姿などが見られました。また、積木や絵本を一直線に並べること、落ちているビー玉などを口に入れることなども多かったのですが、徐々に実習生と活動を共有できる場面も増えていき、一緒に絵本を読むことや、電車遊びを行うこと、トランポリンや吊り遊具などでの身体を使った遊びを行うこともできるようになりました。また就学を機に文字に対する興味を示し、ひらがなのマグネットを使って50音を正しく並べる遊びや、同時期にYouTubeで視聴した「ようかいしりとり」がお気に入りであったことから、歌詞に出てくる妖怪の文字集めなどの活動を行うなどの姿がありました。

本書では、相談室に通い始めて3年目となった7歳8か月以降に見られ始めたNくんのCDを聴くことへの「こだわり」がどのように見られ始め、変容していくのかについて取りあげたいと思います。

■CDによる「音楽遊び」の導入

相談室に通い始めて2年目後半になると、それまで楽しめていた文字を使った活動にも飽きが見られ

表１　ＮくんのＣＤ遊びの「こだわり」の変容

年齢	入室後最初の活動	活動までに要した時間	活動継続時間	年齢	入室後最初の活動	活動までに要した時間	活動継続時間
７歳８か月	ブランコ	4分10秒	８分47秒	８歳３か月	CD探し →CD遊び	入室直後	53分59秒
７歳９か月	CD遊び	11分45秒	18分８秒	８歳４か月	CD探し →CD遊び	入室直後	53分35秒
７歳９か月	CD遊び	3分３秒	27分43秒	８歳５か月	CD探し →CD遊び	入室直後	50分44秒
７歳10か月	CD遊び	入室直後	32分６秒	８歳６か月	CD探し →CD遊び	入室直後	58分３秒
７歳11か月	CD遊び	入室直後	31分２秒	８歳６か月	CD探し →CD遊び	22秒	56分４秒
７歳11か月	CD遊び	１分50秒	32分54秒	８歳７か月	CD探し →CD遊び	入室直後	60分２秒
８歳０か月	CD遊び	1分21秒	34分56秒	８歳７か月	CD探し →CD遊び	２分35秒	54分34秒
８歳０か月	CD遊び	入室直後	29分45秒	８歳８か月	CD探し	21秒	３分15秒
８歳１か月	CD遊び	入室直後	31分58秒	８歳８か月	CD探し →CD遊び	20秒	８分10秒
８歳１か月	CD遊び	32秒	12分６秒	８歳９か月	CD探し →CD遊び	入室直後	33分47秒
８歳２か月	CD探し →CD遊び	入室直後	45分57秒	８歳９か月	CD探し →CD遊び	25秒	10分8秒
８歳２か月	CD探し →CD遊び	入室直後	44分50秒				

入室直後：Ｎくんが先に入室し，ビデオ開始時点ではすでに活動を始めていたことを示す

ており、プレイルーム内をうろうろして一つの遊びに集中できない様子や、プレイルームから外に出ようとすること、実際に散歩に出かけてもただ歩き回るだけで、すぐに建物に戻り、別室で筆者と面談していた母親のところに来て自宅に帰りたがるなどの姿がありました。母親から、自宅ではＹｏｕＴｕｂｅで動画を視聴することや、レンタルしたＤＶＤのお気に入りの場面を何度も再生することを好んで行っていることを聞き取り、実習生に伝えたところ、ＣＤを用いて「音楽遊び」を行うことを目的として、７

写真１　Ｎくんの C D 遊びの様子

歳8か月時点から支援においてCDとCDラジカセを導入することになりました。

表1にCDを用いた活動開始後から8歳9か月まで、Nくんがプレイルーム入室後に行った最初の遊びと、遊びを始めるまでに要した時間、そして、最初の遊びが継続した時間について示しています。CDを用いた「音楽遊び」導入後、初回（7歳8か月）時にはそれまでの支援でも行なっていたブランコ遊びを選択したのですが、それから8歳9か月に至るまで、入室後に最初に選択する活動として「CDの音楽を再生する」行動（以下、CD遊び）が定着しました。また、2回目と3回目（7歳9か月）の活動時には、部屋のなかを移動し、出されている遊具を確認するなどしてから、CD遊びを選択していましたが、それ以後は入室して短時間でCD遊びを選択するようになりました。また、入室直後からCD遊びに没頭して、他の活動を行わないことが増えてきたので、8歳2か月時点から、その日に聴くCDを探すことを遊びとする「CD探し」を行うようにしたところ、そ

れ以後、活動として定着しています。

活動継続時間に着目すると、回を経るごとに増加する傾向があり、活動自体に「こだわり」始める姿が見られました（写真1）。この活動の継続時間の増加は以下の3点によると考えられます。

1点目は、遊びに用いるCDの枚数が増加したことです。活動導入直後は好きな曲を母親から聞き取り順次増やしていたのですが、季節の変化に応じてCDを入れ替えようと試みたところ、それまで聴いていたCDが出ていないことに気がついたNくんが、CDを出すように強く要求し、CDが無いことを実習生が伝えると激しく泣いてパニックになりかけたこともあり、それまで聴いていたCDを出すことになりました。入れ替えのため新しく出したCDも聴くようになり、活動に用いられる曲が増えていきました。さらに、Nくんが選択するCDに順番への「こだわり」も見られ始め、8歳6か月から8歳8か月にかけては16曲のCDを順番通り聴くことに「こだわり」が見られました。

2点目は、8歳2か月から好きな曲の特定の箇所でCDを止めたり、同じ曲を続けて繰り返し聴いたりすることが見られ始めたことです。具体的には以下のようなエピソードが見られました。

【エピソード1】

「げんきげんきノンタン」のCDを聴き終わるとすぐに棚に置いてある動物のフィギュアをとりにいき、「ジャングルポケット」のCDをセットして、ライオンのフィギュアを実習生のポケットに入れる。音楽が流れてライオンが出てくる歌詞のところでCDを一時停止し、ライオンを動かしながらニヤリと笑う。他の動物が出てくる歌詞のところで実習生がCDを止めると、「ウェ～」と不快な声を出して嫌がる。ＣＤを聴き終わると再度再生し、動物が出てくる歌詞のところで一時停止し、動物のフィギュアを順に並べる。実習生がフィギュアに触ろうとすると「ヤ〜」と言いながら拒否する。（8歳2か月）

しかし、このような同じ曲を続けて繰り返し聴く姿は、ＣＤを再生する順番に「こだわり」始めたことで、活動後半の時期には見られなくなりました。

そして3点目が、ＣＤの聴き方に質的な変容が見られた点です。具体的には、活動開始当初はＣＤラジカセの前で座ったり寝転んだりしながらで音楽を聴くという活動スタイルが中心でした。しかし、活動を重ねていくなかで、徐々に実習生と一緒に音楽に合わせて踊ったり、衣装（鬼のパンツの音楽を聴くためにツノを頭につけ、虎柄のパンツに見立てたビニールを履くなど）に着替えたり、歌詞の内容と関連する動作（お風呂に入って体を洗う動作や、カレーを作るために野菜のおもちゃを包丁で切る動作、ご飯を食べるふりなど）を行ったりするなど、活動の内容が変容したことで、それらの活動に使う道具を準備することや片付けることなどが見られ始めました。まさに、「音を聴く」遊びから「音楽遊び」へと遊びの内容が変化したことによる活動時間の増加といえます。

■ＣＤを聴く「こだわり」の減少？

さらに、8歳8か月から、入室後に「ＣＤ探し」や「ＣＤ遊び」を行うパターンは継続しているものの、その継続時間に減少が見られ始めています。継続時間の減少が見られ始めて日が浅く、今後もこの傾向が続くのかどうかは定かではありませんが、現時点において継続時間の減少に影響したと考えられる要因として、以下の2点をあげることができると思います。

1点目は8歳0か月時点から取り組み始めたシールを使った活動（以下、シール遊び）での興味の広がりです。シール遊びではNくんが好むキャラクターや動物の写真のシールを実習生が作成し、シールをはずして台紙に貼り付ける活動に取り組んでいます。相談室に通い始めた当初から、キャラクターの絵を台紙となる同じ絵のうえにぴたりと合わせる遊びを好んでいたため、指先を使う活動としてシール遊びを取り入れたところ、好きな活動として現在でも継続しています。シール遊びへの興味の広がりとしては以下のようなエピソードが見られました。

【エピソード2】

最後に聴く「どんぐりころころ」の再生が終わると、急いでCDラジカセの前に戻り、CDを取り出してケースにしまう。他のCDのうえに重ねておいたあと、走ってシール遊びをする机に向かう。棚に置いてあるシールを自分で出し、机の前に座る。実習生がやってきてシール遊びが始まる。

（8歳6か月）

【エピソード3】

入室して棚にあったシールを触ったあと、横の棚からCDを取り出す。次々に棚を開けてCDを取り出し、CDラジカセの前に行く。実習生が「数えてみようか、1、2……」と数え始めると、Nくんも合わせて「イーチ、ニー……」といつも聴く順番にCDを重ねたあと、9曲目に聴く「鬼のパンツ」のCDがないことに気がついて「オニパンツ」と言いながら棚を指さす。実習生が「探す？ それとも無しにする？」と尋ねると「ル」と言って立ち上がり棚を探し始める。実習生にヒントをもらいながらCDを見つけると、CDラジカセの前に戻り、「ジャングルポッケ」と言いながらいつも聴く順番にCDを積む。積み終わると音楽を再生せず立ち上がり、シールを置いている棚の前に移動し、シール遊びを始める。

（8歳8か月）

CDを全部聴いてからシール遊びなどの他の遊びを行うというのがそれまでのNくんの活動パターンであり、エピソード2ではシール遊びがしたい気持ちが強いものの、パターンを崩せない姿に映ります。一方で、エピソード3では一度はいつものパターン通りCD遊びをするために「CD探し」を行ったものの、自らシール遊びを選択することができた場面です。CD遊びを行い始めた初回以外で、初めて音楽を再生する前に別の遊びを行うことができました。このように、シール遊びへの興味が広がり、Nくん自身が活動パターンを崩したことが印象的でした。

■柔軟に、でも「こだわる」

2点目がCDを聴くことを柔軟に「こだわる」ことができるようになったことです。エピソード3が生じた日は、シール遊びをしたあとにCD遊びを行ったため、16曲全てを聴くことができませんでした。筆者と母親がプレイルームに迎えに行くと、CDを聴いている途中でしたので、すぐに帰宅することはできません。もしかしたら、残りのCD全部聴くまで帰らないかもなどと考えていたのですが、以下のエピソードで示した通り、自ら区切りをつけて帰宅することができました。

【エピソード4】

筆者と母親がプレイルームに迎えに来ると、Nくんは「ナイ、バイバイ、ババイ」と少し不機嫌な声を出す。実習生が「これ終わったら帰ろうか」と聴いているCDで最後となることを伝えると、Nくんはまだ聴いていないCDのジャケットを見つめる。聴いているCDの再生が終わり、実習生が「おしまい」と伝えると、「ピタ、ゴラ」と声を出すが自らCDを棚に片付けて扉に向かって歩きプレイルームを退室する。

（8歳8か月）

このように、全てのCDを聴くという「こだわり」は柔軟になってきたのですが、「こだわり」自体がなくなったのではないことを示すのが、次の回の支援冒頭のエピソードです。

【エピソード5】

プレイルームに入室後、「CD探し」を行いながら「ド～ン、グ～リ、コロ」や「コンニャク」と言いながらCDを探す。一度CDラジカセの前に行くが「アサゴハン」といってCDを探しに行こうとするので、実習生が「あさごはんマーチ、ここにあるよ」と伝えるとすぐに戻ってくる。CDを一枚一枚重ねていき、ピタゴラスイッチのCDを重ねるときに「ピタ、ゴラ」とつぶやく。そのままピタゴラスイッチのCDを取り出して再生する。（8歳9か月）

エピソード4で示した通り、前回の活動時にCDを全て聴けていませんでしたので、エピソード5では、それまでのように再生する順番に「こだわる」ことなく、前回聴くことができなかったCD3枚の音楽を最初に再生することがみられました。さらに、3枚のCDを聴き終わると、そのまま いつものようにCDを聴くのではなく、シール遊びを行う姿が見られました。このようにCDには「こだわり」つつも、それが柔軟なかたちで表出されるようになることが、CD遊びの継続時間の減少と関連していると考えられます。

■「こだわり」の変容プロセスとその支援

ここでは相談室に通う2名の子どもに見られた「こだわり」とその変容プロセスを紹介しました。HくんとNくんにはそれぞれ「こだわり」の内容や程度、行動を示した期間などに違いがありますが、「こだわり」が強く見られつつも、その行動が変容していくことは共通していました。HくんとNくんの事例から、知的障害を伴う自閉症スペクトラム障害児が示す「こだわり」への支援として、以下の三つの点が重要となると考えられます。

一つ目が、「こだわり」につきあい、寄り添ってくれる他者の存在です。別府哲さんはこだわりの激しい自閉症スペクトラム障害をもつ子どもとのやりとりから、以下のように述べています。

水が落ちるのを見つづける「こだわり」一つとっても、ユニークな楽しみという視点でみると別のとらえ方が生まれることを考えたかったのです。そして、内容はどうであれ、自分と同じ世界を楽しいと感じてくれる人は、自閉スペクトラム症児者にとってちょっと気になる存在になるのです。

（別府哲『自閉スペクトラム症児者の心の理解』全国障害者問題研究会出版部、２０１９年）

ＨくんもＮくんも、相談室での「こだわり」が活動の大半を占めるような時期がありました。このような姿を示す場合、「こだわり」以外の別の活動も行ってほしい、どうすれば活動を切り替えることができるのか、などを考えてしまいがちです。支援を担当した実習生である大学院生たちも、もしかしたらそのように考えていたのかもしれませんが、幸いなことに両ケースともに「こだわり」にとことんつきあうという覚悟をもって支援を担当してくれました。Ｈくんの場合は、支援を重ねるなかで実習生の膝に座って活動するようになり、「水遊び」以外の遊びも成立するようになりました。またＮくんの場合は、それ以前までは母親と手を繋いで階段をのぼりプレイルームに行くというパターンが見られたものの、８歳７か月頃から実習生とともに階段を登ることや、階段をのぼる途中で筆者を含め全員がいることを振り返って確認すること、そして、実習を見学に来た初めて会う大学生にも自ら手をつなぎにいって階段をのぼるようになるなど、他者へのかかわり方が変化してきました。このように「こだわり」

につきあい、寄り添ってくれる他者は、自閉症スペクトラム障害をもつ子どもにとって意識を向けやすい存在であり、そのように振る舞ってくれる他者だからこそ「こだわり」以外の活動も一緒にやりたくなるのかもしれません。

二つ目が、「こだわり」を生成・発展・消滅（減少）という一連のプロセスをもつものとして捉えることです。Nくんのケースでは「CD遊び」が「こだわり」として成立していくプロセスが見られました。もちろん、CDを用いた活動を導入した際には「こだわり」となることは予想していません。支援や家庭での取り組みが、あらたな「こだわり」を生み出す結果となることは、保護者や支援者からよく聞く話です。しかし、「こだわり」へ対応する際には、消滅や減少するプロセスに焦点が当てられますが、生成あるいは発展のプロセスはあまり焦点が当てられていないように思われます。「こだわり」に対応する際には、どのように「こだわり」始め、それがどのように変化した結果が今の「こだわり」なのかを踏まえることは重要な意味をもっと考えられます。

そして三つ目が、「こだわり」を『活かす』という視点から捉えることです。「問題行動」として捉えられる「こだわり」は、どちらかというと『減らす・変える・無くす』という視点から捉えられがちです。このような視点から捉えた場合、そこで行われる対応は、行動変容を目的とした支援や指導に結びつきやすくなると考えられます。Hくんの事例における「水遊び関連」の遊びや、Nくんの事例における衣装に着替えたり踊ったりする「音楽遊び」などは、子どもが示す「こだわり」を『活かす』視点からの支援と言えるでしょう。もちろん、すべての「こだわり」がかかわりに『活かす』ことができるとは限りません。ただ、このような視点をもっていることが、行動変容を目的とした支援や指導となることを防ぐことにつながるのです。
知的障害を伴う自閉症スペクトラム障害児の示す「こだわり」に対応する際には、つい「こだわり」を行う子どもに変容を求めてしましします。しかし、相談室の事例は、「こだわり」につきあい、寄り添うことや、「こだわり」を『活かす』ことなど、はたらきかける大人の行動や視点を変容させることが、「こだわり」への対応として必要となることを示していると思います。また、以前に巡回相談で出会った自閉症スペクトラム障害をもつ子どもを担当する先生の「子どものこだわりをやめさせることに、私がこだわり過ぎていました」という一言は、自閉症スペクトラム障害をもつ子どもの「こだわり」への対応の基本となるように思われます。

《引用・参考文献》

別府哲『自閉スペクトラム症児者の心の理解』全国障害者問題研究会出版部、２０１９年
狗巻修司「自閉症スペクトラム障害児の反復的行動の変容プロセスの検討」『人間文化研究科年報』第35巻、２０２０年
石井哲夫・白石雅一『自閉症とこだわり』東京書籍、１９９３年
東田直樹『続・自閉症の僕が飛びはねる理由――会話ができない高校生がたどる心の軌跡』エスコワール出版部、２０１０年

＊Nくんの「こだわり」の分析はＪＳＰＳ科研費（基盤研究C、研究課題番号21K02685）の助成を受けて実施されたものです。

第7章

音楽で子どもを支援する

■役割も方法も多様な音楽療法

知的障害児の支援に取り入れられる活動の一つに音楽活動があります。音楽は日常生活において身近な芸術の一つであり、幼少期から歌唱や器楽演奏などを通して音楽に触れる機会は多くあると思います。音楽を聴くと楽しい気持ちになったり、どきどきしたり、思わず身体が動いてしまうこともあるかもしれません。また、音楽に合わせて踊る、楽器を演奏するなど、自分の身体を使って音楽を楽しむこともあります。さらには、誰かと一緒に歌ったり演奏をしたり、音楽に合わせた遊びをしたりなど、音楽を介して他者とのかかわりを楽しむこともあります。このように、音楽は芸術としてだけではなく、人間の生理・心理反応を引き起こす、身体運動を伴う、コミュニケーションの手段になるなど、人間の生活のさまざまな場面で多様に機能します。そのような音楽の機能を心身の健康回復に活用しようとするものが音楽療法です。

日本音楽療法学会では、音楽療法を「音楽のもつ生理的、心理的、社会的働きを用いて、心身の障害の回復、機能の維持改善、生活の質の向上、行動の変容などに向けて、音楽を意図的、計画的に使用すること」と定義しています。音楽療法で行われる音楽体験には、聴取、歌唱、楽器演奏、即興、音楽に合わせての身体運動などがあり、対象者の状態や目的に応じて使い分けられます。大串健吾さん、桑野園子さん、難波精一郎さん監修の『音楽知覚認知ハンドブック――音楽の不思議の解明に挑む科学』（北大路書房、２０２０年）は音楽療法について、「歌ったり、聴いたり、演奏したり、音楽に合わせて身体を動かすなどの音楽行動を通して、私たちが日常生活を送る上で必要となる音楽以外の領域、すなわち、認知面やコミュニケーション能力、運動・動作能力、社会性、情緒面の向上や維持、改善」のために対象者へのはたらきかけが行われる、と述べています。

音楽療法は、医療、福祉、健康、教育などの領域において、新生児から高齢者まで非常に幅広い人たちを対象にさまざまな目的で行われており、そのなかでもとくに、知的障害・発達障害の子ども、精神疾患の患者、高齢者に対して広く実践されています。

それでは、障害をもつ子どもに対して音楽の機能はどのように作用するのでしょうか。宇佐川浩さんの『感覚と運動の高次化による発達臨床の実際』（学苑社、2007年）では、子どもを対象とした音楽療法の特色と、実際の支援における音楽療法の機能と役割がまとめられています。

まず、子どもを対象とした音楽療法の特色として、次の三つがあげられています。

1. 幅広い対象児に有効なアプローチである
2. 動的にも静的にも使い分けられる
3. 目標設定の幅のひろさ

1については、障害の種別や程度に関わらず、それぞれの子どもに対応したアプローチを工夫することが可能だとしています。また、2の点を活かして子どもの状態（緊張不安が強い、動きが激しいなど）に応じてプログラムの進め方を柔軟に変更することができます。3の目標の例としては、運動のための姿勢の保持安定、情緒の調節と安定、対人関係とコミュニケーションを育む、発声・構音を育てるなどがあげられており、これらの例からも多様な設定が可能であることがわかります。

次に、支援における音楽療法の機能と役割については、音楽療法の役割が、（A）音楽のもつ治療的特質、（B）音楽のもつ心理療法的側面、（C）音楽のもつ能力支援的側面――の三つの機能として整理されています（表1）。

表1　子どもの支援における音楽療法の役割（宇佐川2007をもとに作成）

(A) 音楽のもつ治療的特質
① 音・音楽は情動に働きかけ安定をもたらしやすい
② 音・音楽は構造があり，繰り返されることで予測しやすい
③ 音・音楽は振動を伴い触覚や聴覚に働きかけやすい
④ 音楽は動的にも静的にも利用可能である
⑤ 音楽は発達初期から境界線児まで最適な目標が設定しやすい
(B) 音楽のもつ心理療法的側面
① 音・音楽による受容と発散や浄化
② 音楽に自然に合わせることで自己調節がはかられる
③ 音楽表現を通したやりとりの発展
④ 音楽活動を通した役割取得や社会性の発展
(C) 音楽のもつ能力支援的側面
① 楽器による音出し活動を通した初期の姿勢保持や手先の操作性を育てる
② 模倣能力を育てる
③ 運動の協応性を育てる
④ 吹く・歌うことを通して発声・構音面を育てる

これらのなかからいくつかを取り上げて紹介します。まず、表1のA③にあるように、音や音楽は聴覚に対してはたらきかけるだけではなく、音の響きによる振動が触覚にも強くはたらきかけます。受容しやすい感覚器官にはたらきかけることにより、他の遊具や活動には関心をもちにくい子どもが反応を示すこともあります。とくに障害の程度が重い子どもの場合、耳は受動的で受容しやすく、さらに音は振動を伴うという点でより受容しやすいことから、音や音楽を好む傾向にあるようです（B①）。

また、音楽に合わせて活動するということは、自己を調節しながら外界に合わせるということでもあります（B②）。音楽を媒介として、音楽療法を行うセラピストである大人と子どもがかけあい、音楽を受け止めること

（受動）と音楽ではたらきかけること（能動）が交互に成立することでやりとりが発展していきます（B③）。そして、音楽活動は他児との交流の場にもなり得ます（B④）。そこでは、合奏や音楽を用いたゲーム活動を通して協同的活動の面白さを体験することができます。

さらに、例えば、打楽器は手で楽器に触れる、ひっかく、叩くなどの操作によって音が出るため因果関係がわかりやすく、手で触れた感覚を得られることから、発達初期の子どもにも興味・関心がもたれやすいとされています。また、子どもの手の操作性の発達に応じた楽器を提供することも、子どもの興味に合わせるために必要な視点であると述べられています（C①）。

このように、音楽療法では音楽そのものがもつ多様な特質を活用することで、対象となる子どもの発達段階や状態に応じたアプローチをすることが可能になります。なお、対象者が歌唱や楽器の演奏を行う場合は演奏型音楽療法（能動的音楽療法）、対象者が音楽を聴く場合は聴取型音楽療法（受動的音楽療法）と、音楽療法は対象者が音楽にどのようにかかわるかによって大きく2種類に分けられています。また、実施形態には個別型と集団型があり、対象者の状態や音楽療法を実施する場所（施設）に応じても選択されます。

楽器を用いる場合、楽器の種類によって音や操作方法はさまざまに異なります。また、同じ楽器であっても音の高低や強弱、リズムなど、楽器から鳴る音を多様に変化させることが可能です。このような楽器の種類による音の違い、操作方法による音の違いが子どもの注意を引きつけることもありますし、楽器の形や色、材質の触感が興味の起点となることもあります。

■知的障害をもつ子どもに対する音楽療法

ここからはもう少し対象を絞って、知的障害をもつ子どもに対する音楽療法について見ていきましょう。

音楽療法の利点の一つとして、ことばを用いたはたらきかけが難しい対象者に対しても有効に活用できることがあげられます。例えば、音声言語の表出や理解が難しい子どもであっても、操作の簡単な楽器を鳴らすことや、音楽に合わせて身体を動かすことを楽しめる場合は多く、ことばを介さずに感情を表現することができます。また、表1のC④に示されているように、音楽活動が発声や構音の育ちに有効にはたらくことも期待できます。例えば、繰り返し聴取していた歌の歌詞の一部が自然に発声されることや、音楽に合わせた他者の発声が模倣されて発声されることがあります。また、笛のような楽器（あるいはおもちゃ）を吹いて音を出すことも発声・構音の育ちに関わると考えられます。

知的障害をもつ子どもに対しては、他者とのコミュニケーションスキルの獲得を目的として音楽療法が行われることも多く、表1のBに示されているような音楽の役割を活かした活動が行われます。音や音楽は物や他者への気づきを促し、能動的な動きや表現を引き出すきっかけとなります。また、音楽に合わせた身体活動や楽器演奏は、不快情動の発散や情動の安定を促すことや、情動表出や行動の調整につながることが期待されます。大人（セラピスト）あるいは他児とともに、楽器演奏のかけあいや合奏、音楽を用いた遊びをしながら、他者とかかわる体験、行動や情動を他者と共有する体験を重ねることによって、他者とのコミュニケーション能力が育つことが期待されます。

鈴木涼子さん、星野悦子さんの「音楽療法」（『音楽心理学入門』誠信書房、２０１５年）では、知的障害・発達障害児に対する音楽療法で設定される課題と、その課題の達成のための活動例が紹介されています。設定課題としては、①活動性を高める・やりとりの楽しさを味わう、②アイコンタクト・発声の促進、要求の表出、③音声模倣、④要求・身体部位の名称の表出、⑤注意の持続・動作のコントロール、⑥粗大運動のコントロール――があげられており、ここからも音楽療法では多様な課題設定が可能であることがわかります。

Ｏちゃんのケース／変化する楽器遊び

ここまで、障害をもつ子どもに対して音や音楽が多様に作用することを見てきました。ここからは、知的障害をもつ子どもが音楽活動を通して他者とのかかわりを深めていった事例を紹介します。

ここでは、筆者が勤務する奈良女子大学大学院附属心理教育相談室に通う知的障害を伴うダウン症児Ｏちゃんの事例を取り上げます。相談室ではＯちゃんが５歳９か月の時点から現在まで継続して支援を行っています。Ｏちゃんは１歳９か月から就学まで児童発達支援施設に通園し（３歳８か月までは週３日、３歳９か月からは週５日）、６歳９か月に公立小学校に入学して特別支援学級に在籍しています。５歳５か月時点で実施された発達検査（新版Ｋ式発達検査２００１）では、全領域の発達年齢は２歳０か月であり、その後は６歳０か月時点で２歳５か月、７歳７か月時点で２歳５か月でした。

支援開始時のＯちゃんは、有意味な発語は少なく発音には不明瞭さがありました。また、実習生である大学院生からの言語的・非言語的なはたらきかけに反応は示すものの、自分から実習生にかかわりにいくことは少なく、支援を行うプレイルーム内にあるおもちゃでの一人遊びが中心でした。そのなかでOちゃんがよく行っていた遊びが楽器を用いたものであり、楽器遊びはその内容を変えながら現在まで継続して行われています。筆者はOちゃんの音楽活動の変化に着目して、Oちゃんと実習生のやりとりの変化を音楽活動の変化と関連させながら検討しました（小槻智彩「支援者とダウン症児との相互交渉の縦断的検討――音楽活動の変化との関連から」『人間文化総合科学研究科年報』第37号、2022年）。拙稿では、Oちゃんが5歳9か月（支援開始時）から7歳8か月までの2年間を、楽器遊びの内容に応じて四つの時期に区分して分析をしています。本書では、この時期区分に従って、各時期におけるOちゃんの楽器遊びがどのように変化していったのか、その変化には音楽活動のどのような作用が関わっていると考えられるのか、そして、音楽活動におけるOちゃんと実習生のやりとりから、支援者のはたらきかけにおいて重要となる点について考えてみたいと思います。

なお、各回の支援では、プレイルーム内に設定された遊びのなかからOちゃんが選択した活動が行われました。Oちゃんは初回から楽器を用いた活動を好んで行う様子が見られたことから、プレイルーム内には常に楽器（木琴、太鼓、マラカス、鈴）が配置されました。音楽療法では、対象者に応じて設定された目標を達成するために音や音楽を目的的に使用する活動が決定されますが、相談室においてはそのような枠組みは設けず、楽器遊びをするかどうかや楽器でどのように遊ぶかはOちゃんによって決定され、実習生はOちゃんの主体性を尊重して受容的にかかわることを基本としました。したがって、相談室で実施された音楽活動は音楽療法として行われたものではありません。音楽療法より広いものとして音楽活動を捉えたうえで、これまでに見てきた音楽療法における音楽の機能を参考にしながら、Oちゃんに対して音楽活動がどのようにはたらいたのかについて考えていきます。

■楽器を操作して一人で遊ぶ

分析対象とした2年間は、Oちゃんの楽器遊びの内容に応じて以下の四つの時期に区分しました。Ⅰ期（5歳9か月〜6歳1か月）はOちゃんが楽器の操作を中心とした一人遊びを主に行っていた時期、Ⅱ期（6歳2か月〜6歳8か月）はOちゃんが実習生と一緒に楽器で遊ぶようになった時期、Ⅲ期（6歳11か月〜7歳4か月）はOちゃんと実習生のリズムが合うようになった時期、そしてⅣ期（7歳5か月〜7歳8か月）はOちゃんと実習生がタイミングを合わせて音を鳴らすことが可能になった時期です。まずは、それぞれの時期におけるOちゃんの楽器遊びの内容について、具体的なエピソードとともに見ていきたいと思います。

【エピソード1：楽器操作を中心とした一人遊び①】

Oちゃんは机の上に置かれた木琴の前に座り、両手にバチを1本ずつ持って木琴の音板を叩いて音を鳴らす。しばらく一人で音を鳴らしたあと、左後方に座っていた実習生Pに、持っていたバチを1本手渡す。実習生Pは「ありがとう」と言いながらバチを受け取り、木琴の音板を叩く。実習生Pがリズムや打点位置を変えながら叩いてみせると、Oちゃんは視線を木琴やバチの先に向けな

写真１　木琴の音板を叩いて音を鳴らす

がら一部を模倣する。その後、実習生ＰがＯちゃんの目の前の音板を叩くと、Ｏちゃんは実習生のバチを取り、一人で木琴を叩く。バチを上から下ろして音板を叩く、あるいは音板にバチを当てたまま左右に動かすなど、奏法や音の強弱を変化させながら音を鳴らす。（５歳９か月）

【エピソード２：楽器操作を中心とした一人遊び②】

Ｏちゃんは机の上に置かれた木琴の前に座り、木琴の音板を叩いて音を鳴らす（写真１）。Ｏちゃんがバチで木琴の音板を鳴らすことを止めてバチを机の上に置いたあとに、Ｏちゃんの後方にいた実習生Ｒが手元の太鼓を叩いて音を鳴らす。Ｏちゃんは実習生Ｒに近づき実習生Ｒの手から太鼓のバチを取ると自分で太鼓を叩き始める。Ｏちゃんの太鼓のリズムに合わせて実習生Ｒが鈴を鳴らすと、Ｏちゃんは実習生Ｒを見る。（６歳０か月）

以上はⅠ期のエピソードです。Ⅰ期は、楽器の操作を中心とした一人遊びが主に行われていた時期でした。実習生はOちゃんの楽器遊びに寄り添いながら同じ楽器や別の楽器を用いてOちゃんにはたらきかけていました。Oちゃんは実習生からのはたらきかけに反応を示すものの、注意を向ける先は実習生よりも音が鳴っている場所（楽器）であり、自分が楽器を操作して音を鳴らすことに関心があるようでした。

ところがしばらくすると、楽器遊びのなかで実習生を意識するような姿が見られるようになります。

■実習生と一緒に楽器で遊ぶ

【エピソード3：実習生の真似をしたあとに相手の顔を見る】

Oちゃんは、実習生Rの真似をして木琴のバチで机や壁を叩いて音を鳴らす。次に実習生Rが太鼓のバチを木琴の音板に当てたまま左右に動かして音を鳴らすと、Oちゃんは実習生と同じようにバチを動かして音を鳴らし、実習生の顔を見る。

（6歳2か月）

【エピソード4：楽器遊びを他者と共有する①】

Oちゃんは机上の木琴の前に座り、その右隣に実習生Qが座る。実習生Qがバチで木琴を叩いて音を鳴らすとOちゃんはそのバチの動きを見て自分も叩く。実習生Qが叩くことを止めるとOちゃんも叩くことを止めて実習生Qを見る。実習生Qが再び叩くと、今度はOちゃんは叩かずに実習生Qのバチの動きを目で追いかけ、実習生Qが叩くことを止めるとOちゃんが叩く。（6歳4か月）

【エピソード5：楽器遊びを他者と共有する②】

Oちゃんの木琴のバチの操作や音のリズムに合わせて、Oちゃんの右隣に座る実習生Rが身体を動かす。Oちゃんは時々実習生を見る。実習生が木琴の音板の上で指を動かしてバチの操作方法（動かす方向など）を提示すると、Oちゃんはその動きを真似て音を鳴らし、実習生の顔を見る。その後も実習生はOちゃんの鳴らす音に合わせながらバチの動きやリズムを身体で表現することを繰り返して行う。Oちゃんは実習生の動きを時々真似る。Oちゃんが実習生と顔を見合わせたまま音を鳴らすことが増える。（6歳4か月）

このようにⅡ期では、Oちゃんが実習生の反応を期待するような様子が見られるようになりました（エピソード3）。また、Oちゃんが実習生の操作に合わせて楽器を叩いたり止めたりする行為や、実習生の音を受け止めたあとに自分が叩いてはたらきかける行為が増え（エピソード4）、実習生と顔を見合わせながら音を鳴らす行為も増えました（エピソード5）。このような姿から、Oちゃんの楽器遊びは、Ⅰ期で見られた一人で楽器の音を鳴らす遊び方から、他者に意識を向け、楽器を鳴らす行為を他者と共有する遊び方に変化したと捉えることができると思います。続くⅢ期では楽器遊びの内容がさらに変化します。

■実習生とリズムを合わせる

【エピソード6：実習生からのはたらきかけを受け入れたリズム共有】

Oちゃんは机上の木琴に向かって座り、両手にバチを1本ずつ持ち音板を叩いて音を鳴らす。Oちゃんはしばらく音を鳴らしたあと、右隣に座っていた実習生RにバチをI本手渡す。実習生RはOちゃんのバチの操作（バチを音板に当てたまま横に動かして音を鳴らす）を真似て音を鳴らす。実習生Rが音を鳴らしているときはOちゃんは音を鳴らさず、実習生Rのバチの動きを目で追いかける。その後、Oちゃんが音を鳴らしているときに実習生RがOちゃんのリズムに合わせて音を鳴らす。

（6歳11か月）

【エピソード7：Oちゃんが実習生のリズムに合わせる】

Oちゃんと実習生RとSが円になって床に座り、Oちゃんは床に置いた木琴で、実習生はそれぞれ太鼓と鈴で音を鳴らす。実習生2人はOちゃんのリズムに合わせて音を鳴らす。Oちゃんが木琴の音板を叩く奏法から音板にバチを当てながら左右に動かして連続して音を鳴らす奏法に変更すると、実習生はOちゃんの音に合わせて連続して音を鳴らす。Oちゃんは音を鳴らし続けながら実習生2人の顔を見て笑い、バチの操作を激しくする。その後、実習生Rがリズムを変更すると、Oちゃんは実習生Rの手元を見ながらリズムを合わせて音を鳴らす。

（7歳3か月）

【エピソード8：Oちゃんからのはたらきかけ】

Oちゃんと実習生RとSが円になって床に座り、Oちゃんの太鼓のリズムに合わせて実習生2人は床に置かれた木琴を鳴らす。Oちゃんのテンポが徐々に速くなると実習生2人はOちゃんに合わせてテンポを速くする。突然、Oちゃんが太鼓を叩くことを止め、バチを持った手を上げて静止する。実習生2人はOちゃんの真似をしてバチを持った手を上げて静止しOちゃんの顔を見る。Oちゃんは実習生2人の顔を見て笑う。Oちゃんは手を下ろして再び太鼓を速いテンポで叩き始めるが、すぐに止めてバチを持った手を上げて実習生に笑いかける。実習生2人もバチを持った手を上げてOちゃんを見る。このやりとりはその後2回繰り返される。動きの静止後に再び音を鳴らすとき、Oちゃんと実習生の音が鳴るタイミングは合わない。

（7歳3か月）

このようにⅢ期では、Oちゃんと実習生のリズムが合うようになりました。Oちゃんのリズムに合わせた実習生からのはたらきかけを受け入れるようになった後（エピソード6）、今度はOちゃんが実習生のリズムに合わせて音を鳴らす行為も見られるようになりました（エピソード7）。さらに、Ⅲ期の後半では、Oちゃんが動きを止めて時間的な間を取るといった実習生へのはたらきかけが見られました（エピソード8）。これまでOちゃんはプレイルーム内での活動中に、表情を変化させるなど目に見える形で情動を表出することは少なかったのですが、この時期の楽器遊びでは笑う姿がよく見られ、楽器の操作だけではなく実習生とのやりとりも楽しんでいることが伝わってきました。

■実習生とタイミングを合わせて音を鳴らす

【エピソード9：実習生とタイミングを合わせて音を鳴らす】

Oちゃんと実習生RとSが円になって座る。Oちゃんと実習生Rは太鼓を一緒に叩き、実習生Sは木琴を叩く。Oちゃんがバチを持った手を上げて静止すると実習生2人はOちゃんに合わせて静止する。Oちゃんがバチを下ろすと実習生2人もOちゃんの動きに合わせてバチを下ろし、実習生SはOちゃんと同時に、実習生Rは一拍遅れてそれぞれの楽器で音を鳴らす。音を鳴らしたあと、Oちゃんは再びバチを持った手を上げて静止し、実習生Rに笑いかける。実習生2人はOちゃんに合わせて動きを止める。次に、実習生Rがゆっくりとバチを木琴に下ろすと、Oちゃんはその動きを見ながらバチを下ろし、3人が同時に音を鳴らす。音を鳴らしたあと3人で一緒にバチを上げ同時に下ろして再び音を鳴らす（写真2）。

（7歳5か月）

Ⅳ期のエピソードです。Ⅲ期では楽器の音を鳴らすことを止めて時間的な間を取ったあと、再度音を鳴らすときにOちゃんと実習生の楽器打ちのタイミングは合っていませんでしたが、Ⅳ期ではOちゃんと実習生が互いの動きを見ながらバチを動かして同時に音を鳴らすようになりました。OちゃんはⅢ期から引き続き笑う姿がよく見られ、実習生と動きを合わせることや同時に楽器を叩いて音を鳴らすことを楽しんでいるようでした。

このように、プレイルームにおけるOちゃんの楽器遊びは、楽器操作を中心とした一人遊びから他者

写真２　全員でタイミングを合わせてバチを下ろして音を鳴らす

と一緒に楽しむ遊びになり、さらに、他者とリズムを合わせることや互いにタイミングを合わせて音を鳴らすことをしながら他者とのやりとりを楽しむ遊びに変化しました。

■音楽で他者とのかかわりを深める

Ｏちゃんの楽器遊びは、一人遊びから実習生と演奏を楽しむ遊び方に変化していきました。この変化については、音楽活動のなかでＯちゃんの他者とのかかわり、さらには他者との相互的なやりとりが増えていったと捉えることもできると思います。ここからは、Ｏちゃんの他者とのかかわりにおいて音楽活動がどのように作用したのかについて見ていきます。

Ｉ期のＯちゃんは、自分で楽器を鳴らすことに興味があり、一人遊びが中心でした。バチの受け渡しのような実習生とのやりとりも見られましたが、Ｏちゃんの主な関心は実習生が鳴らす音や実習生が音を鳴らしている楽器にあったように思われます。そのなかで、エピソード2にあるように、実習生が鈴を鳴らすとそちらを見たということがありました。そのときにOちゃん自身は太鼓を叩いていたので、自分が出している音とは違う音が鳴っていることに気づいて反応を示したのでしょう。音は聴覚にはたらきかけやすく、また、ことばが育っている途中の段階では、通常のことばがけよりも抑揚が強調されたことばがけの方が気づきやすいと言われています。他者に意識を向けるきっかけとして音が作用した場面であると言えます。

このように、Ⅰ期の楽器遊びでは、他者が鳴らす音や目の前で行われる楽器操作をきっかけとして実習生に意識を向けていましたが、Ⅱ期では楽器遊びを一緒に行う相手としてOちゃんから実習生に意識を向ける姿も見られるようになりました。エピソード4では、Oちゃんが実習生に合わせて楽器を操作する行為や、実習生の音を受け止める行為、自分が音を鳴らしてはたらきかける行為が見られました。他者に合わせて楽器の操作をするためには自分の行動を調整する必要があります。そして、他者に合わせつつ自分からもはたらきかけることができるようになると、交互に音を鳴らすようなやりとりに発展していきます。音や音楽には、自然に合わせやすいという特徴や、バチを動かす／動かさない、音が鳴る／鳴らないといった楽器操作の視覚的・聴覚的なわかりやすさがあるので、このような特質がOちゃんと実習生のやりとりの発展を促したのではないかと考えられます。

続くⅢ期では、Oちゃんと実習生が一緒に音を鳴らすだけではなく、互いのリズムが合うようになり、実習生がOちゃんのリズムに合わせることに加えて、実習生が変えたリズムにOちゃんが合わせて音を鳴らすこともありました。Ⅱ期からさらに他者の操作の変化を的確に捉えて自らの行動を柔軟に調整できるようになり、また、バチを扱う手先の操作性を含む運動機能が向上したことも関わっていると推測されます。さらに、この時期からOちゃんが楽器遊びをしながら笑う姿がよく見られるようになりました。プレイルーム内で行われた他の活動と比べても楽器遊びでの快情動の表出は多く、音楽活動が他者とのやりとりを楽しむことのできる場として、その楽しさを表出できる場として、機能していたと考えられます。

その後のⅣ期では、Oちゃんと実習生が同時に音を鳴らすことができるようになりました。すでに鳴っている他者の音に合わせるのではなく、何もないところから他者と同時に音を鳴らすためには、相手を意識し、相手の行動を予測しながら自分の行動を調整する必要があります。Ⅲ期ではOちゃんと実習生が同時にバチを木琴に下ろしながらも音が鳴るタイミングは合っていなかったことを踏まえると、Ⅲ期からさらに、Oちゃんの他者への注意や行動の調整、身体操作に育ちがあったのだと思われます。そして、音楽活動はOちゃんが楽しく取り組むことのできる遊びだったからこそ、このような力を発揮できる場としてはたらいたとも考えられます。

音楽は多様な特質をもっており、その特質を活用することで幅広い人たちにアプローチを行うことが可能です。知的障害児に対しても例外ではなく、とくにダウン症児者は多くの音楽活動の場面において、音楽を感じ、身体全体で表現することを楽しむ姿が見られることから、音楽との親和性が高いと言われています。ここで紹介した事例では、音や音楽を目的的に用いた音楽療法が行われていたわけではありませんが、音楽活動を通してOちゃんが他者とのかかわりを深めていく変化が見られました。

■音楽活動を通して子どもにはたらきかける

相談室で行われた楽器遊びでは、音楽活動がさまざまに作用してOちゃんの他者とのやりとりが発展していったと考えられました。それでは、支援者である実習生はOちゃんに対してどのようなはたらきかけを行っていたのでしょうか。ここからはダウン症児へのはたらきかけにおいて重要となる点について、音楽活動でのはたらきかけを踏まえながら考えていきたいと思います。

拙稿では、楽器遊び以外の場面における実習生からOちゃんへのはたらきかけと、それに対するOちゃんの反応について、四つの時期を通して変化が見られるかどうかを調べました。Oちゃんの反応の変化を図1に示します。観察対象となった2年のなかで実習生の入れ替わりがありましたが、実習生RはⅠ期からⅣ期までの全ての期間で支援を行っていました。実習生Rのはたらきかけに対するOちゃんの反応では、Ⅰ期とⅡ期よりもⅢ期とⅣ期で支援者からのはたらきかけに反応して受け入れる「受容」反応が多くなっていました。楽器遊びでは、Ⅰ期からOちゃんは実習生からのはたらきかけに反応を示すことが多く、Ⅱ期の時点で実習

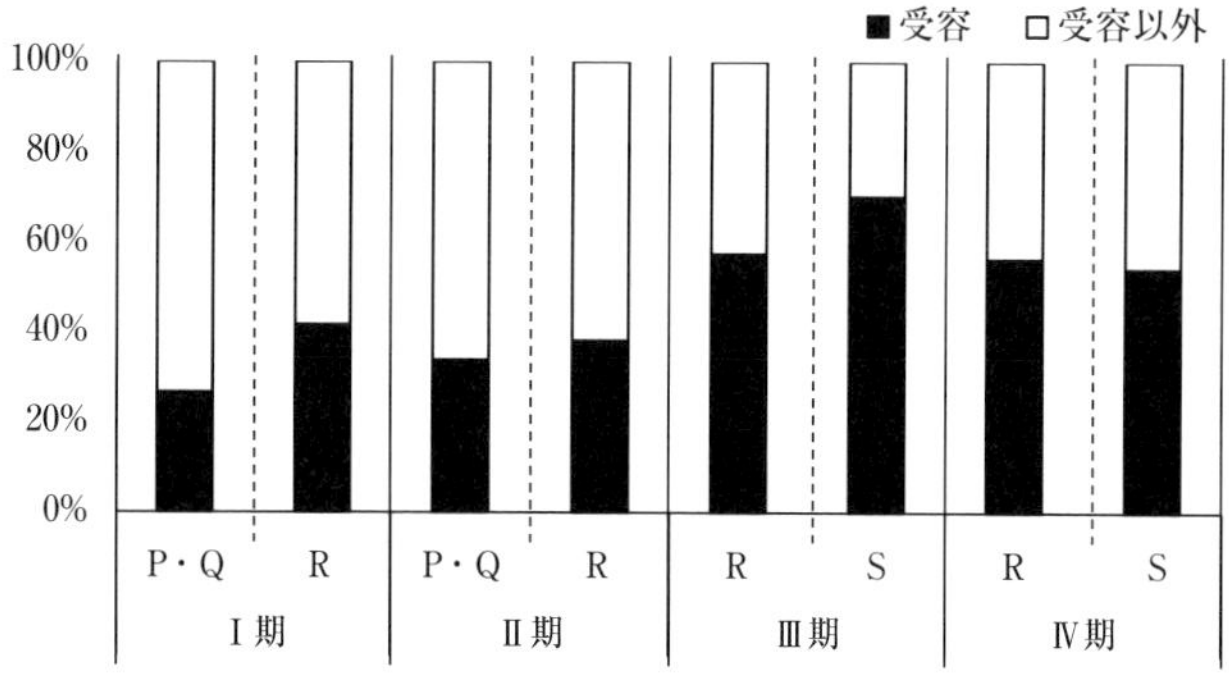

図1　Oちゃんの反応の縦断的変化（小槻2022を一部改編）。アルファベットは支援者を表す

生と遊びを共有するようになっていたので、音楽活動は他の活動よりもダウン症児の受容的な反応を引き出しやすい活動であったのかもしれません。

また、実習生のはたらきかけについての分析からは次の2点がわかりました。一つは、道具操作を伴うはたらきかけや身体接近・接触を伴うはたらきかけは、表情、ジェスチャー、言語を用いたはたらきかけよりも多くOちゃんの受容反応を引き出したことです。もう一つは、Oちゃんの興味・関心に寄り添いながら遊びや行動の質を変化させるようなはたらきかけは、興味・関心に寄り添い続けるはたらきかけ、あるいは別のモノや場所に注意を向けさせるようなはたらきかけよりも多くOちゃんの受容反応を引き出したことです。ダウン症児に対しては、子どもの興味・関心に寄り添い、道具操作や身体接近・接触を行いながら遊びや行動の質を変化させるようなはたらきかけが、より受容反応を引き出すと考えられます。

そして、音楽活動はこのようなはたらきかけを行いやすい活動であると言えます。楽器を用いることで物（楽器）の操作を遊びに取り入れることができますし、楽器の操作方法、音の強弱やリズムを変化させることによって遊び方を多様に変化させることも可能です。実際に、実習生は木琴の奏法を変えて演奏したり（エピソード3）、Oちゃんの楽器操作を身体で表現したり（エピソード5）など、Oちゃんの遊びの内容を変化させるようなはたらきかけを行っており、そのはたらきかけにOちゃんは受容的な反応を示していました。すでに述べたように、楽器遊びはOちゃんの受容的な反応を引き出しやすい活動であったとするならば、実習生にとっては、楽器遊びのなかでOちゃんの反応を引き出すはたらきかけを適切に行えるようになったことが楽器遊び以外の場面にも作用して、Ⅲ期以降の楽器遊び以外の場面でもOちゃんの受容的な反応を引き出せるはたらきかけを行えるようになった可能性があります。

■子どもの興味に寄り添って音楽を活かす

楽器の種類の多さ、音や音楽の多様な機能は個別の状態に応じた柔軟なアプローチを可能にしますが、裏を返せば、音や音楽を目的的に用いる場合は、幅広い可能性から適切な活動を選択し、計画しなければならないということです。実習生は音楽療法に関する専門的な訓練を受けていたわけではありませんが、幼少期から様々な場面で触れてきたであろう身近な音楽は、実習生にとっても活動を展開しやすいものであり、その結果として音楽活動が支援のなかでうまく位置づけられたのではないでしょうか。それを可能にしたのは、Oちゃんが楽器や音楽活動に示す興味を理解し、寄り添いながらはたらきかけるという実習生の姿勢でしょうし、この姿勢は音楽活動に限らず支援において不可欠なものであるはずです。音楽活動は支援で取り入れることのできる活動の一つでしかありませんが、子ども一人ひとりの興味や関心を理解しようとするときに、音や音楽の多様な特質は有効な手がかりとなり、さらに、音楽活動を展開するなかで見られた支援者のはたらきかけとそれに対する子どもの反応は、音楽活動以外の活動を考えるときのヒントにもなり得るのではないかと考えます。

知的障害とは知的機能と適応機能が制約されている状態を示すものでした。知的障害児のなかには、他者とのコミュニケーションや集団参加に難しさがある子どもも少なくありません。Oちゃんも支援開始時は実習生からのはたらきかけに反応は示すものの一人でおもちゃを操作する遊びが中心でした。しかし、楽器遊びを通して実習生とのかかわり方はどんどん変化していき、Ⅲ期以降は、言語的なやりとりこそ少なくてもOちゃんの豊かな表情や笑い声、身体表現から、実習生とのやりとりを楽しんでいることが強く伝わってきました。Oちゃんとかかわっていた実習生たちにとっても、この頃からの楽器遊びはとくにOちゃんと楽しさを共有していると感じられる活動だったそうです。Oちゃんだけではなく実習生たち自身も声を出して笑いながら活動を楽しむ様子が見られました。

支援という枠組みのなかで子どもとかかわる時間はその子どもの生活のほんの一部かもしれません。しかし、たとえわずかな時間であったとしても、子どもが他者と情動を共有する体験をしたということは支援者が大切に捉えるべき場面であり、そのような体験を手助けするものの一つとして音楽は多様に用いることができると考えます。

《引用・参考文献》

日本音楽療法学会HP（https://www.jmta.jp/　2022年9月30日アクセス）

大串健吾・桑野園子・難波精一郎監修　小川容子・谷口高士・中島祥好・星野悦子・三浦雅展・山崎晃男編『音楽知覚認知ハンドブック――音楽の不思議の解明に挑む科学』北大路書房、2020年

小槻智彩「支援者とダウン症児との相互交渉の縦断的検討――音楽活動の変化との関連から」『人間文化総合科学研究科年報』第37号、2022年

諏訪まゆみ『ダウン症のすべて 改訂2版』中外医学社、2021年

鈴木涼子・星野悦子「音楽療法」星野悦子編著『音楽心理学入門』誠信書房、2015年

宇佐川浩『感覚と運動の高次化による発達臨床の実際（障害児の発達臨床2）』学苑社、2007年

おわりに

筆者らは現在、奈良女子大学文学部と大学院人間文化総合科学研究科人間科学専攻において、国家資格の一つである「公認心理師」の養成を行なっています。とりわけ大学院では発達支援における心理のエキスパートを養成すべく、精神科にとどまらず発達外来をもつ医療機関、児童発達支援センターなどの福祉機関、適応指導教室や通級指導教室・ことばの教室などの教育機関での学外実習のコーディネートとともに、大学院附属心理教育相談室での実践活動を学内実習の一環として担当しています。

大学院での実習は、２年間で合計４５０時間、うち２７０時間以上のケース担当が求められています。そのため、実習を行う大学院生も、修士論文作成のための研究活動と並行して実習をこなすことが求められ、資格が誕生する前の大学院生と比べると、大変時間に追われている印象があります。実習時間の適切性については議論の余地があるかと思いますが、実習担当者としては、入学直後は頼りなかった大学院生が、受験資格を満たして無事に修了するころには、見違えるくらい支援者となる覚悟とそれに伴う不安を語るようになります。まさに「現場に鍛えられる」のです。

本書を執筆している２０２２年９月９日に国連の障害者権利委員会は、８月22～23日に実施した日本政府への審査を踏まえて、政策の改善点についての勧告を発表しました。筆者らの専門性から今回の勧告の全ての点について論じることは難しいのですが、本書と関連する点としては、我が国で積極的に推し進めている特別支援教育制度を障害者権利委員会が「分離教育」と位置づけ、障害児を分離した特別支援教育の中止を要請したことがあげられるでしょう。勧告からの日が浅く、また筆者らの専門性からこの要請の是非について安易に論じることは難しいのですが、今後この点も含めた特別支援教育制度全般についての広範な議論が必要となることは明白であり、そのなかで現場が変わる、変えられる、変わらざるを得ない事態が予想されます。

今後の特別支援教育制度の動向について筆者らなりに理解を深めていき、発達支援における心理のエキスパートの養成を目指したいと思います。発達支援のおもしろさと魅力に気づき、自らの専門性を高めたいと願う学生と一人でも多く出会えることを切に願います。

最後になりましたが、本書の出版をご提案くださった中山満子文学部長、編集・出版の実務を担当していただいたかもがわ出版の樋口修さんに、心より感謝申し上げます。

２０２２年12月

狗巻　修司・小槻　智彩

《著者紹介》

狗巻　修司（いぬまき　しゅうじ）編者、1、2、3、5、6章
奈良女子大学研究院人文科学系准教授。専門は発達心理学・臨床発達心理学。公認心理師。自閉症スペクトラム障害児の共同注意の障害特性と発達的変化，反復的行動の変容過程と対人相互交渉スキルとの関連を主たる研究テーマとしている。

小槻　智彩（おおづく　ちさ）4、7章
奈良女子大学文学部特任助教。専門は認知心理学・音楽心理学。公認心理師および臨床発達心理士。音楽の長期記憶と音楽的な体験や行動との関連、歌の記憶における音楽と言語との関連を主たる研究テーマとしている。

奈良女子大学文学部〈まほろば〉叢書
知的障害をもつ子どもの発達的理解と支援

2023年1月31日　第1刷発行

著　者　狗巻　修司　小槻　智彩
発行人　竹村　正治
発行所　株式会社 かもがわ出版
〒602-8119 京都市上京区堀川通出水西入
TEL 075(432)2868　FAX 075(432)2869
ホームページ http://www.kamogawa.co.jp
印刷所　シナノ書籍印刷株式会社

ISBN978-4-7803-1268-3 C0037　